# Lustige Zapfenfiguren

## für kleine Künstler

Bassermann

ISBN: 978-3-8094-4471-8

1. Auflage


Idee und Gesamtgestaltung: Norbert Pautner, Berlin
Projektleitung: Birte Dittmann
Herstellung: Claudia Scheike



Druck und Bindung: Alföldi, Debrecen
Printed in Hungary

FSC® www.fsc.org
MIX
Papier aus verantwortungsvollen Quellen
FSC® C010328

Penguin Random House Verlagsgruppe FSC®N001967

# INHALTSVERZEICHNIS

# BASTELN MIT ZAPFEN

Aus Kiefern- oder Fichtenzapfen kann man mit ein wenig Fantasie fast alles basteln. Vor allem, weil man Zapfen in allen möglichen Formen und Größen findet.

## ZAPFEN SAMMELN

Je nachdem, ob du Zapfen im Park, im Wald oder unter Straßenbäumen sammelst, wirst du ganz unterschiedliche Zapfen finden. Im Wald sind es meist Zapfen heimischer Bäume, im Park auch schon mal welche, die von exotischen Nadelbäumen stammen.
Auch wenn wir oft „Tannenzapfen“ sagen, kannst du mit echten Tannenzapfen nicht basteln, denn diese fallen schon auf dem Zweig auseinander. Die meisten Zapfen, die auf dem Boden liegen, stammen von Fichten und Kiefern. Mit dem Sammeln kannst du im Herbst, meist ab Anfang September, anfangen. Je länger die Zapfen auf der Erde liegen, desto leichter können sie faulen – vor allem, wenn der Boden feucht ist. Darum solltest du die Zapfen immer gut säubern und trocknen, bevor du mit dem Basteln beginnst. Wenn du keine Gelegenheit hast, draußen Zapfen zu sammeln, kannst du auch saubere und getrocknete Zapfen in allen möglichen Größen kaufen. Das geht beim Floristen oder im Internet, zum Beispiel hier: www.nadeco.de.

Wenn ein Fichtenzapfen feucht geworden ist, liegen seine Schuppen dicht an.

# DEINE BASTELWERKSTATT

Deine Grundausstattung: Scheren, Bleistift, Lineal, Anspitzer und Radiergummi.

Manchmal brauchst du beim Zusammenkleben eine „dritte Hand“: Dann helfen dir Gummibänder, Malerkrepp, Wäsche- und Büroklammern.

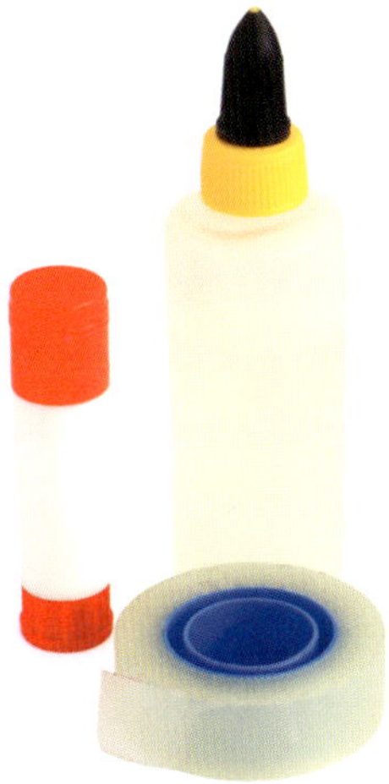

Das meiste klebst du mit Alleskleber. Der braucht zwar ein bisschen, bis er getrocknet ist, hält aber gut. Außerdem helfen dir auch Klebestift und Klebefilm, um alles fest zu verbinden.

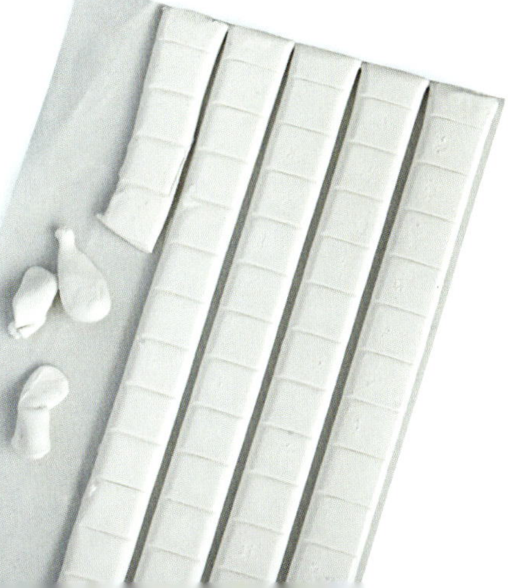

Besonders gut halten die Klebeverbindungen der Zapfen, wenn du Klebeknete verwendest. Das ist ein Klebstoff, der sich wie Knetgummi formen und portionieren lässt. Die Knete lässt sich aber auch immer wieder ablösen. Es gibt sie unter verschiedenen Namen im Handel, zum Beispiel UHU patafix, Tesa Tack, Pritt Multi-Fix oder Poster-Buddies.

# BASTELTIPPS

Um Linien auf einer Klorolle gerade anzuzeichnen, bastelst du dir einen einfachen Papierring: Einen ca. 15 cm langen Papierstreifen nicht zu eng um eine Rolle wickeln und die Enden zusammenkleben.

## ARME UND BEINE AUS CHENILLEDRAHT

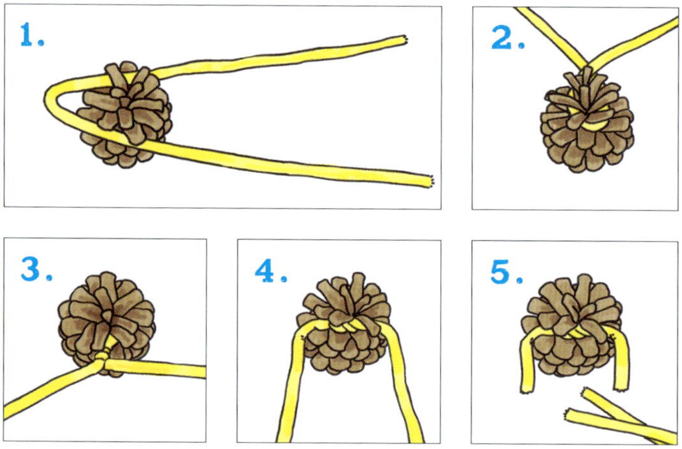


**1.** Biege einen Chenilledraht in der Mitte und lege ihn zwischen die Schuppen des Zapfens.
**2.** Ziehe die Enden über Kreuz zusammen.
**3.** Verdrehe sie fest, damit der Draht nicht verrutschen kann.
**4.** Biege die Enden so, dass die gewünschte Form für die Arme oder Beine entsteht.
**5.** Zum Schluss schneidest du die Enden gleich lang ab.

## KLEINTEILE AUFKLEBEN

Federn, Pailletten und vor allem Wackelaugen kannst du am besten mit einer Pinzette aufkleben. Setze dazu erst einen Klecks Alleskleber auf ein Stück Papier oder Karton. Tauche dann das Wackelauge (oder was es sonst aufzukleben gibt) in den Kleber und setze es dann dahin, wo es hingehört.

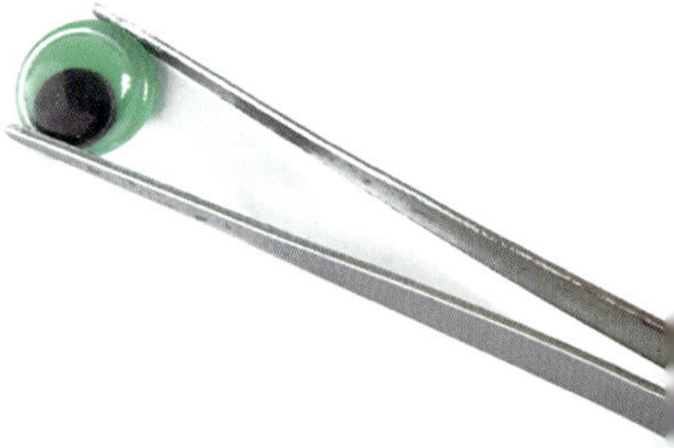

## SICHER IST SICHER

Wenn es darum geht, die Schuppen an der Spitze eines Zapfens zu entfernen, oder wenn etwas gebohrt oder gesägt werden muss: Vorsicht Verletzungsgefahr! Darum mach es dir leicht und bitte einen Erwachsenen um Hilfe!

# MALEN UND FÄRBEN

Wattekugeln, Filz, und Eisstiele lassen sich ganz leicht mit Deckfarben oder Filzstiften bemalen. Manchmal muss man eventuell zwei Schichten Farbe auftragen. Vor dem Weiterbasteln solltest du gerade die Wattekugeln gut trocknen lassen. Sonst kann es passieren, dass sich die feuchten Wattekugeln beim Kleben auflösen.

Wattekugeln lassen sich besser anmalen, wenn du sie mit dem Loch auf einen Schaschlikspieß steckst.

# VORLAGEN ÜBERTRAGEN

Wenn du das Transparentpapier auf der Rückseite mit einem weichen Bleistift schraffierst, lässt sich die Vorzeichnung gut auf Karton oder Filz übertragen.

Die Vorlagen kannst du ganz einfach mit einem Stück Transparentpapier (oder mit einem Fotokopierer) übertragen. Du kannst sie auch aus dem Internet herunterladen und ausdrucken: **www.bassermann-verlag.de/Zapfenfiguren**.

# FISCH

Wie ein Fisch hat auch ein Fichtenzapfen so etwas wie Schuppen. Dem Fisch helfen seine Schuppen dabei, schneller zu schwimmen, der Zapfen versteckt darin seine Samen.

## DAS BRAUCHST DU:

**Vorlagen auf Seite 58**

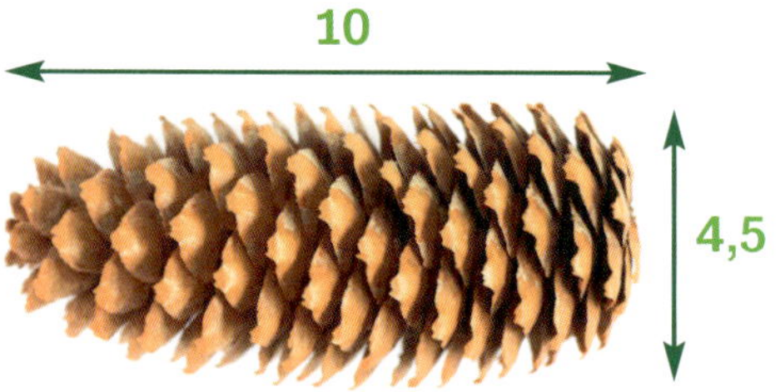


1 Fichtenzapfen,
ca. 10 × 4,5 cm groß

farbiger Fotokarton
(Blau- und Grüntöne)

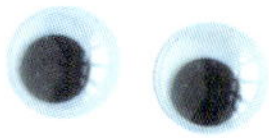

Wackelaugen

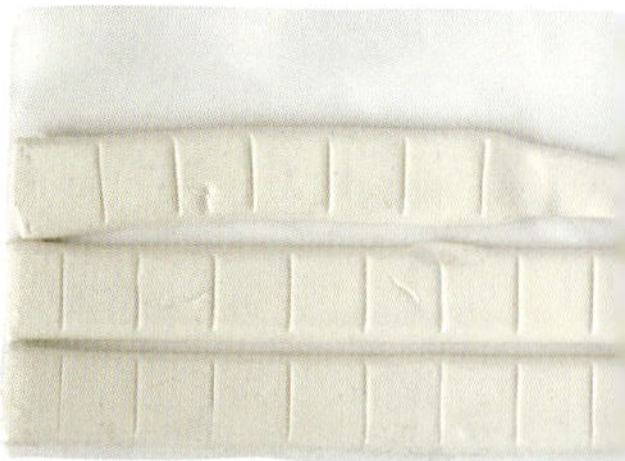

Klebeknete

# UND SO GEHT'S:

**1.**

Übertrage die Flossen nach den Vorlagen von Seite 58 auf farbigen Fotokarton.

**2.**

Schneide alle Flossen aus.

**3.**

Drücke einen Klumpen Klebeknete fest auf die Mitte der Bauchflossen.

**4.**

Drücke den Fichtenzapfen kräftig auf die Klebeknete, sodass Zapfen und Flossen gut verbunden sind.

**5.**

Stecke die Schwanzflosse in die Spitze des Zapfens. Mit etwas Alleskleber kannst du sie dort gut befestigen.

**6.**

Stecke die erste der seitlichen Flossen zwischen die Schuppen des Zapfens und klebe sie fest.

**7.**

Klebe auch die andere Flosse an der passenden Stelle zwischen den Schuppen ein.

**8.**

Klebe das erste der beiden Wackelaugen etwas vor und über einer der seitlichen Flossen auf den Zapfen.

**9.**

Klebe auch das zweite Wackelauge auf, sodass sich beide Augen etwa auf der gleichen Höhe befinden.

# PINGUIN

Der weiße Bauch des Pinguins leuchtet wie ein verschneiter Fichtenzapfen. Ob du seinen Frack schwarz, blau oder rot gestaltest – das ist ganz deiner Fantasie überlassen.

## DAS BRAUCHST DU:

Vorlagen auf Seite 58

1 Fichtenzapfen, ca. 7 × 4 cm groß

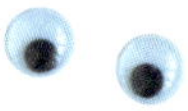

kleine Wackelaugen

Fotokarton (orange)

Filz (dunkle Farbe, z. B. blau)

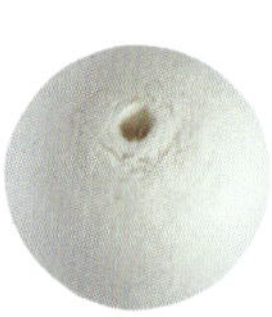

Wattekugel, 3 cm Ø

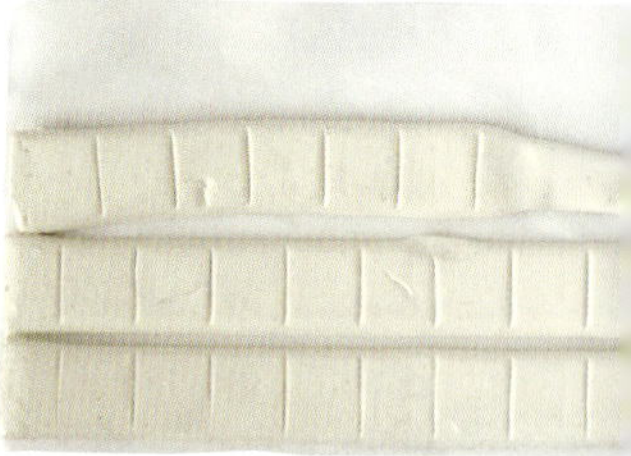

Klebeknete

# UND SO GEHT'S:

**1.**

Male zuerst die Kapuze des Pinguins auf die Wattekugel auf: Eine Hälfte der Kugel wird blau angemalt, dann kommt ein Strich, der rechts und links zu zwei runden Augenbrauen ausgeweitet wird.

**2.**

Klebe die Wackelaugen und einen kleinen Schnabel aus Fotokarton auf.

**3.**

Pflücke die Schuppen an der Spitze heraus, sodass eine flache Mulde entsteht.

**4.**

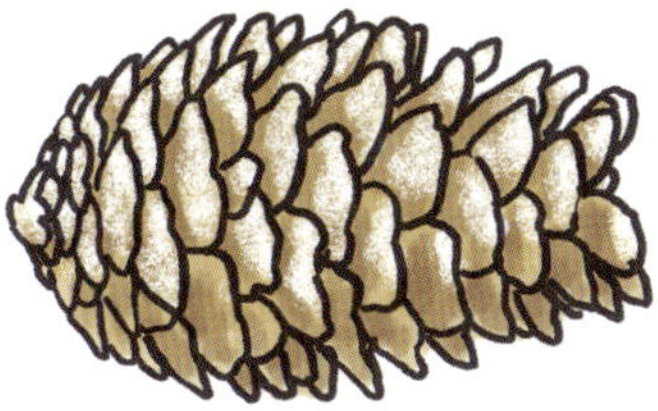

Eine Längshälfte des Fichtenzapfens malst du mit Deckweiß an: Das wird der Bauch des Pinguins.

**5.**

Übertrage die Vorlage von Seite 58 auf Fotokarton (Füße) und Filz (Flügel) und schneide alles aus.

**6.**

Drücke einen Klumpen Klebeknete fest auf die Mitte der Fußplatte.

**7.**

Drücke den Zapfen mit der Spitze bzw. der Mulde nach unten und dem weißen Bauch nach vorne fest in die Klebeknete hinein.

**8.**

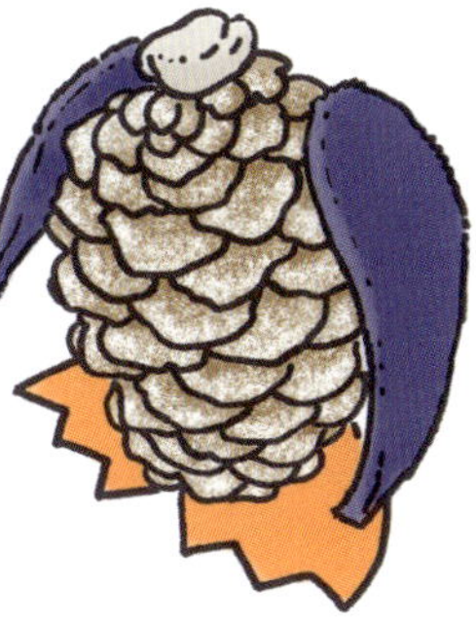

Wenn der Köper auf dem Fuß befestigt ist, kannst du seitlich die Flügel ankleben. Setze oben auf die Figur ein Klümpchen Klebeknete.

**9.**

Zum Schluss drückst du den Kopf fest auf die Klebeknete oben an der Figur.

# SPATZ

Je nachdem, welche Farben du für Kopf, Federn und Flügel aussuchst, kann aus dem Spatz ganz schnell auch eine Meise, ein Fink oder sogar ein Wellensittich werden.

## DAS BRAUCHST DU:

Vorlagen auf Seite 58

Chenilledraht (orange), ca. 25 cm

bunte Federn

Fotokarton (orange, grün)

Wattekugel, 2,5 cm Ø

1 Fichtenzapfen, ca. 5 × 3,5 cm groß

Pappe (10 × 10 cm)

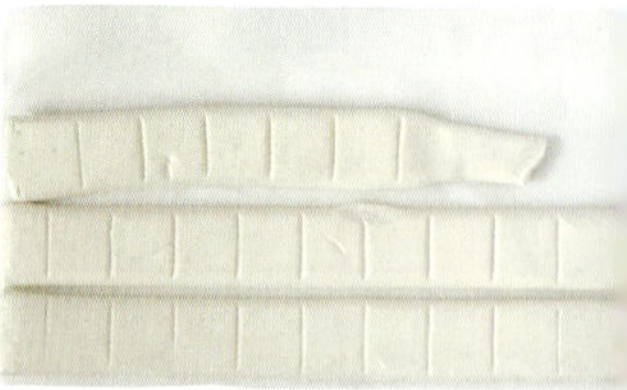

Klebeknete

kleine Wackelaugen

# UND SO GEHT'S:

**1.**

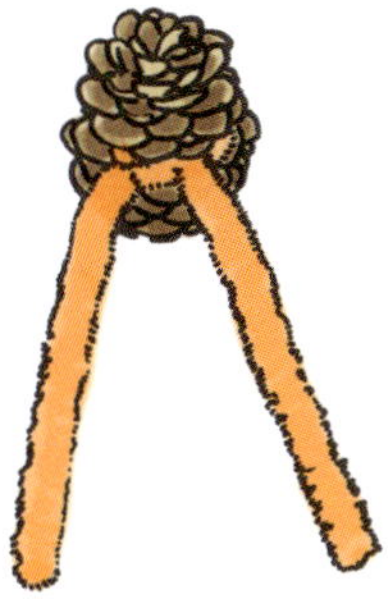

Wickle den Chenilledraht wie auf Seite 8 beschrieben um die Mitte des Zapfens.

**2.**

Biege die Enden des Drahts etwa 3 cm vom Zapfen entfernt ab. Schneide beide Enden gleich lang ab.

**3.**

Klebe die Federn zwischen den Schuppen der Spitze ein.

**4.**

Übertrage die Flügelform von der Vorlage auf Seite 58 zweimal auf Fotokarton, bemale sie mit Bunstiften und schneide sie aus.

**5.**

Klebe die Flügel seitlich in den Zapfen ein.

**6.**

Male die Wattekugel zweifarbig an: z. B. oben grün und unten gelb.

**7.**

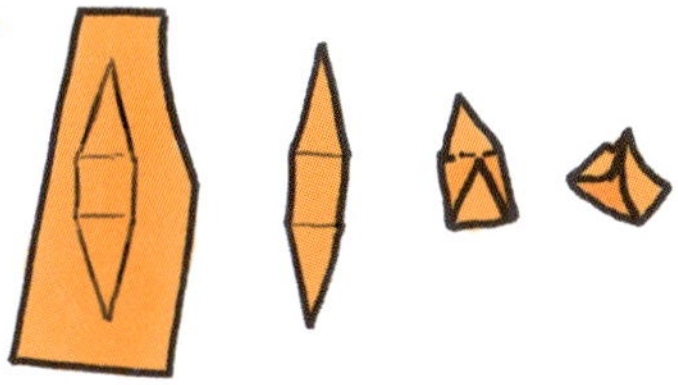

Übertrage die Vorlage für den Schnabel, schneide ihn aus und klebe die Spitzen zusammen.

**8.**

Klebe die Wackelaugen und den Schnabel auf den Wattekugel-Kopf.

**9.**

Drücke einen kleinen Klumpen Klebeknete ans Ende des Fichtenzapfens.

**10.**

Setze den Kopf auf die Klebeknete und drücke ihn fest.

**11.**

Klebe ein Stück Pappe unter die Füße des Vogels, damit er besser steht.

# HASE

Durch den Klorollenfuß steht der Hase ganz stabil und fällt nicht so leicht um. Und wenn du gut auf ihn achtgibst, hält er vielleicht auch noch bis Ostern durch.

## DAS BRAUCHST DU:

Vorlagen auf Seite 59

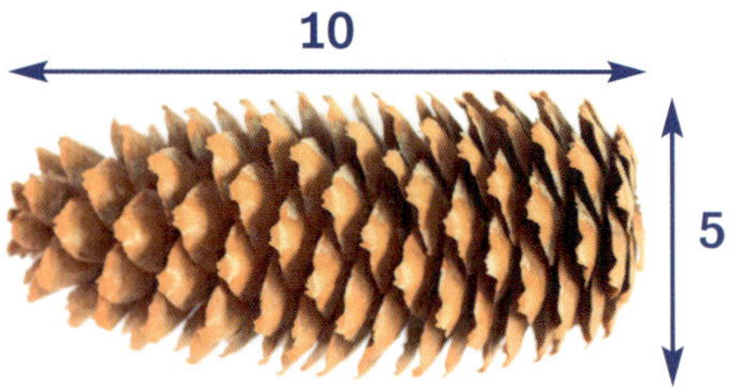


1 Fichtenzapfen, ca. 10 × 5 cm groß

Klorolle

Wackelaugen

Pompon (rot), ca. 1 cm Ø,
Pompon (weiß), ca. 2 cm Ø

Fotokarton (beige)

# UND SO GEHT'S:

**1.**

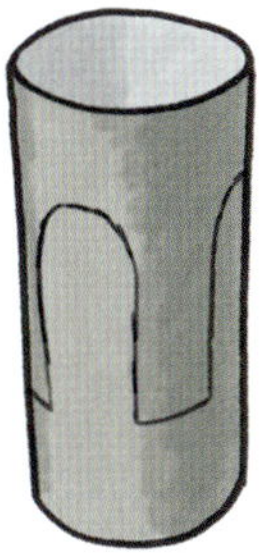

Zeichne die Umrisse nach der Vorlage von Seite 59 auf der Klorolle an.

**2.**

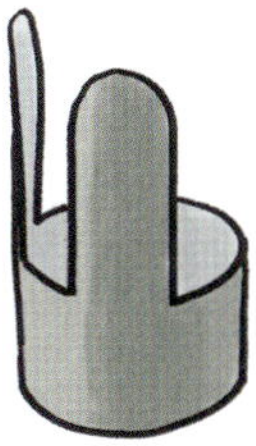

Schneide die Klorolle entsprechend der Vorzeichnung aus.

**3.**

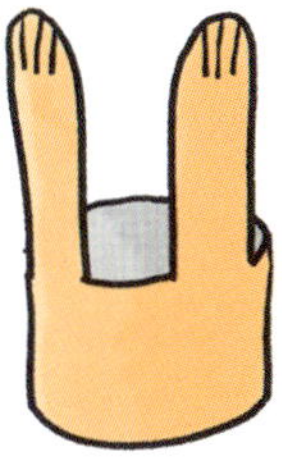

Male die Klorolle beige (oder in deiner Lieblings-Hasenfarbe) an.

**4.**

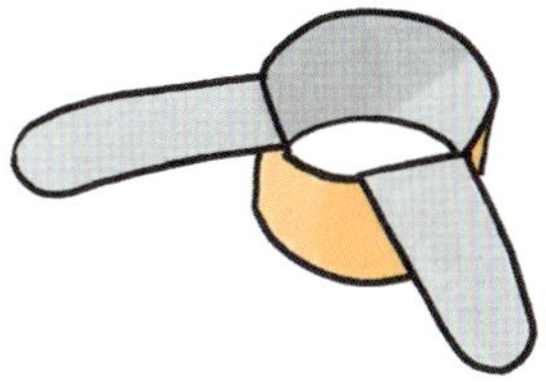

Wenn die Farbe getrocknet ist, kannst du die Füße nach außen knicken.

**5.**

Jetzt kannst du den Fichtenzapfen mit der Spitze nach unten in die Klorollenfüße hineinstellen.

**6.**

Übertrage Gesicht und Füße nach der Vorlage von Seite 59 auf beigen Fotokarton und schneide alles aus.

**7.**

Jetzt kannst du den Fotokarton verzieren: Male und klebe ein Hasengesicht auf.

**8.**

Die Ohren und das Schwänzchen klebst du wie auf der Abbildung auf die Rückseite des Hasen. Ein Gummiband hilft dir dabei.

**9.**

Wenn der Kleber einigermaßen trocken ist, klebst du das Gesicht auf die Vorderseite. Dabei helfen dir wieder Gummibänder.

# IGEL

Ein Kiefernzapfen ist ziemlich stachlig, auch wenn die „Stacheln“ nicht so spitz wie die des Igels sind. Kopf und Beine sind dafür aus weicheren, kuscheligeren Materialien.

## DAS BRAUCHST DU:

Vorlagen auf Seite 58

Chenilledraht (beige), ca. 50 cm

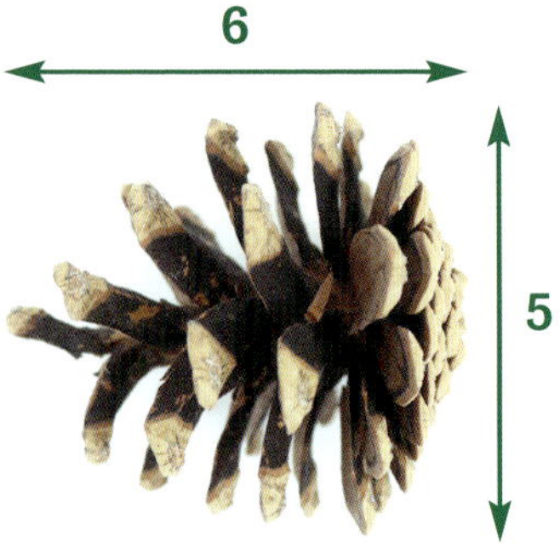


1 Kiefernzapfen,
ca. 6 × 5 cm groß

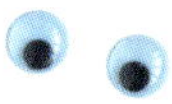

Wackelaugen

Pompon (schwarz),
ca. 0,5 cm Ø

Filz (beige), ca. 12 × 12 cm

# UND SO GEHT'S:

1.

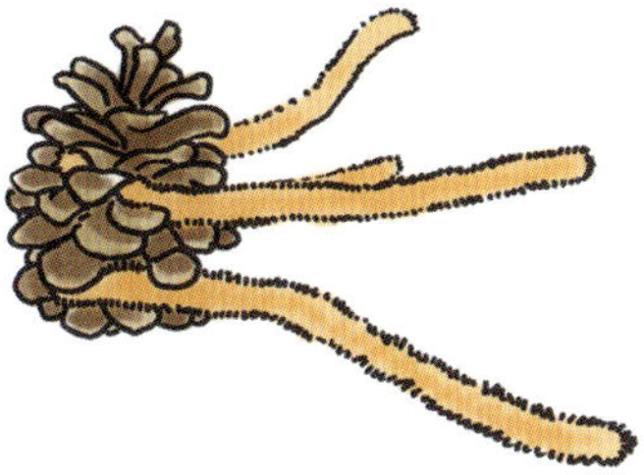

Biege zwei je 25 cm lange Stücke Chenilledraht für die Beine um den Zapfen.

2.

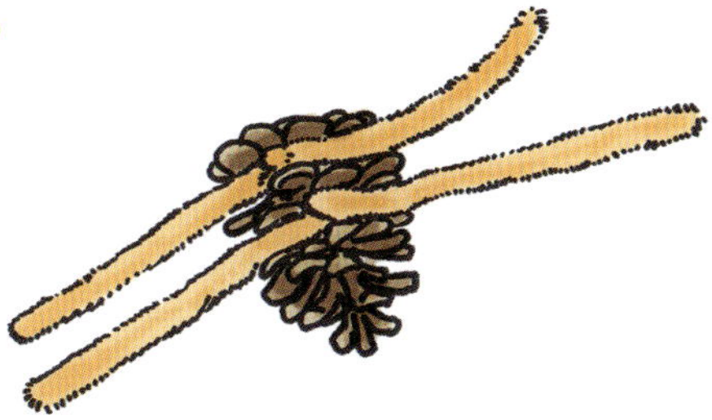

Verdrehe sie dann auf der gegenüber liegenden Seite, um sie zu befestigen (s. Seite 8).

3.

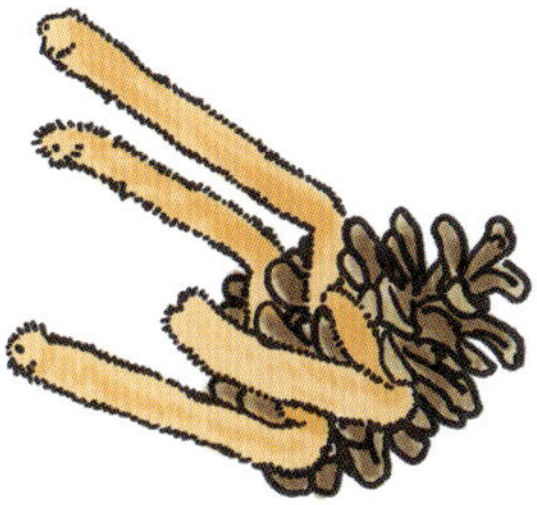

Knicke dann die vier Beine so, dass sie vom Körper (dem Kiefernzapfen) abstehen.

4.

Schneide die Beine auf die gleiche Länge zurecht, damit der Igel später gut steht.

5.

Übertrage die Formen für Kopf und Ohren nach der Vorlage auf Seite 58 auf Filz.

6.

Schneide alle Teile aus dem Filz aus.

7.

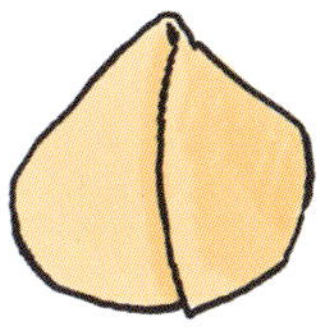

Klebe nun das große Teil zu einer spitzen Tüte zusammen.

8.

Bestreiche den Rand der Filztüte innen mit Klebstoff und klebe sie an die Spitze des Zapfens. Die Naht sollte dabei unten liegen.

9.

Klebe nun Ohren und Wackelaugen auf der Oberseite des Kopfes an.

# NASHORN

So ein kräftiger Dickhäuter ist schnell gebastelt. Dabei ist dir überlassen, ob du ihm ein oder zwei Hörner auf die Nase klebst. In der Natur gibt es ja auch beides.

## DAS BRAUCHST DU:

Vorlagen auf Seite 59

7

4

5

3

Fotokarton (grau)

2 Kiefernzapfen: ca. 7 × 4 cm und 5 × 3 cm groß

Zahnstocher

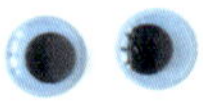

Wackelaugen

4 Wattekugeln, 2 cm Ø

# UND SO GEHT'S:

**1.**

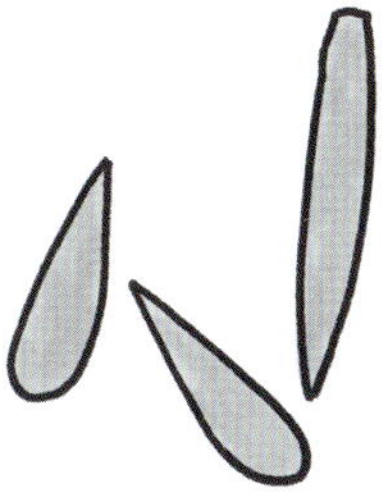

Übertrage die Formen für Ohren und Horn nach der Vorlage auf Seite 59 auf Fotokarton und schneide sie aus.

**2.**

Klebe Horn und Ohren in die Spalten zwischen den Schuppen des kleineren Zapfens ein.

**3.**

Die Wackelaugen klebst du seitlich am Zapfen an.

**4.**

Bemale die vier Wattekugeln mit grauer Deckfarbe. Lasse sie anschließend gut trocknen.

**5.**

Klebe je zwei Wattekugeln zusammen. Damit die Verbindung besser hält, verbindest du die Kugeln zusätzlich jeweils mit einem halben Zahnstocher.

**6.**

Klebe den größeren Zapfen mit Klebeknete auf die beiden Kugelpaare auf.

**7.**

Zum Schluss klebst du den Kopf auf den Körper. Achte darauf, dass sich die Schuppen der Zapfen gut ineinander verhaken.

# ERDMÄNNCHEN

Ein Erdmännchen hält immer am Bau nach Fressfeinden Ausschau, währen die anderen nach Nahrung suchen. Bastel doch gleich eine ganze Erdmännchen-Familie!

## DAS BRAUCHST DU:

**Vorlage auf Seite 60**

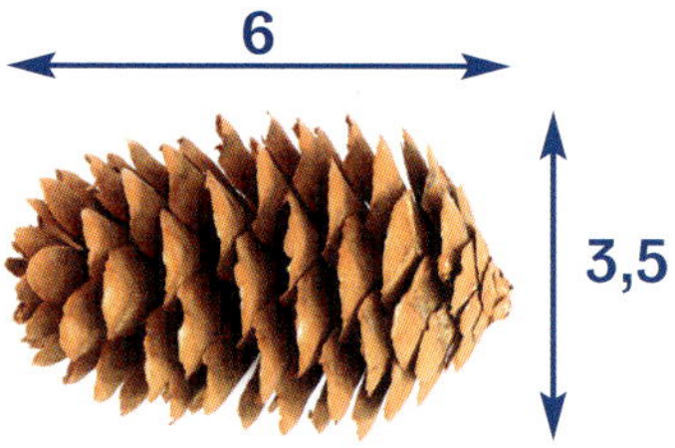


2 Fichtenzapfen, ca. 9 × 4,5 cm und 6 × 3,5 cm groß

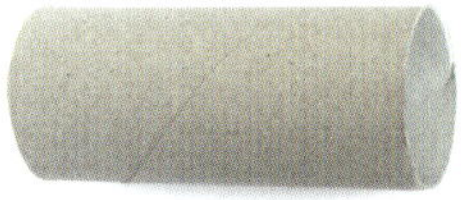

Klorolle

Pompon (schwarz), 1 × ca. 0,5 cm Ø
Pompons (rot), 2 × ca. 1 cm Ø

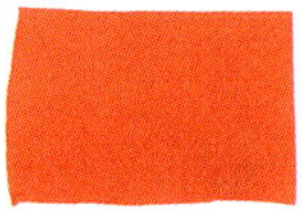

Filz (rot)

Chenilledraht (grau), ca. 25 cm

kleine Wackelaugen

# UND SO GEHT'S:

**1.**

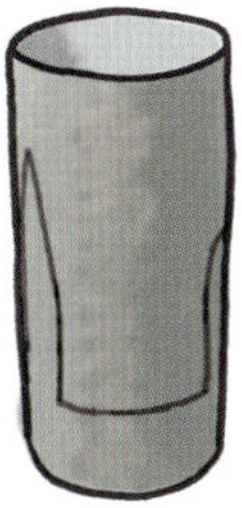

Zeichne die Umrisse nach der Vorlage von Seite 60 auf der Klorolle an.

**2.**

Schneide die Klorolle entsprechend der Vorzeichnung aus.

**3.**

Knicke Schwanz und Füße nach außen. Male Streifen auf den Schwanz.

**4.**

Entferne die mittleren Schuppen aus der Spitze des größeren Zapfens. Lass dir dabei helfen, falls es dir nicht auf Anhieb gelingt.

**5.**

Klemme den Chenilledraht für die Arme zwischen den Schuppen ein (s. Seite 8).

**6.**

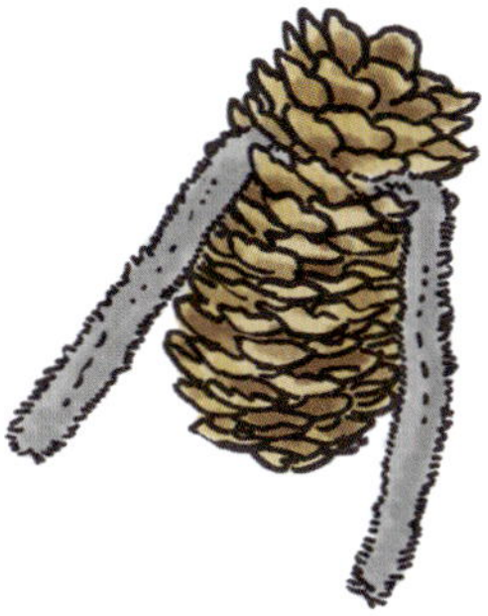

Verknote den Chenilledraht gut auf der Vorderseite des Zapfens.

**7.**

Setze den Zapfen in die Klorollenfüße und schneide die Arme gleich lang ab.

**8.**

Übertrage die Augen nach der Vorlage auf Filz, schneide sie aus und klebe die Wackelaugen darauf.

**9.**

Klebe die Augen seitlich an den kleineren Zapfen. Klebe die Pompons für Nase und Ohren auf.

**10.**

Klebe zum Schluss den Kopf in die Spitze des größeren Zapfens.

# AFFE

Mit seinen Armen und Beinen (oder auch dem Schwanz) aus Chenilledraht kann sich der Affe überall festhalten: an der Tür, an einer Stuhllehne oder auch an einer Lampe.

## DAS BRAUCHST DU:

Vorlage auf Seite 59

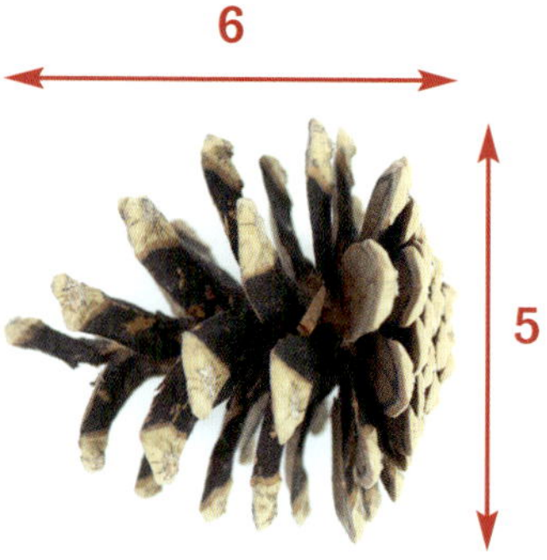


1 Kiefernzapfen, ca. 6 × 5 cm groß

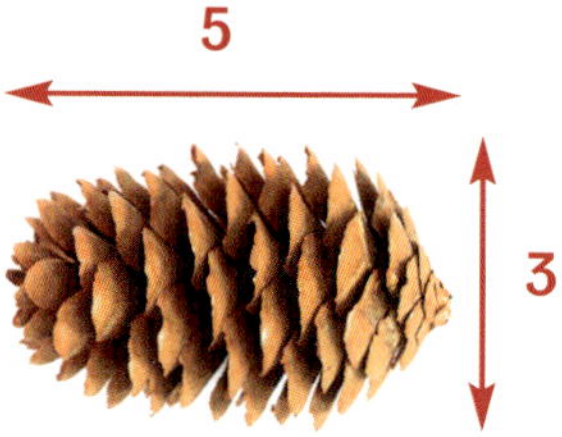


1 Fichtenzapfen, ca. 5 × 3 cm groß

Filz (beige)

Eichelhütchen

Wackelaugen

Chenilledraht (beige), ca. 60 cm

# UND SO GEHT'S:

**1.**

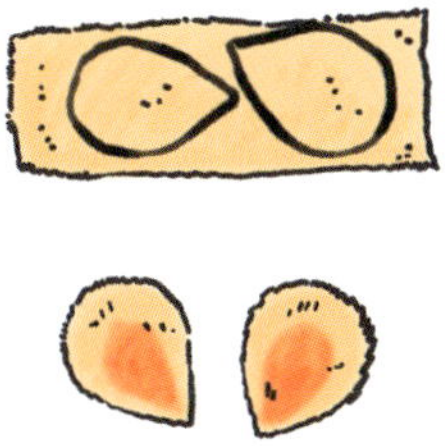

Übertrage die Form für die Ohren von Seite 59 auf den Filz und schneide sie aus. Du kannst sie auch noch bemalen.

**2.**

Klebe die Ohren seitlich in den Fichtenzapfen ein. Dabei sollten sie etwas weiter hinten stzen.

**3.**

Klebe das Eichelhütchen als Schnauze auf. Mit einem Stück Klorolle kannst du den Zapfen wackelfrei aufstellen.

**4.**

Klebe nun auch die Wackelaugen auf.

**5.**

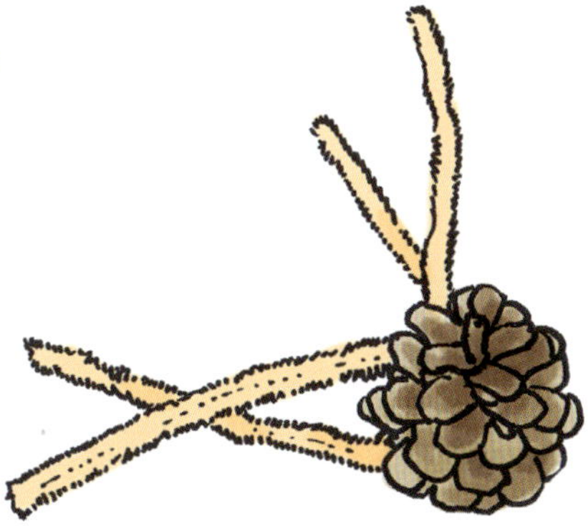

Klemme zwei je etwa 20 cm lange Stücke Chenilledraht für die Arme und Beine in den Kiefernzapfen und verdrehe sie vor dem Zapfenkörper (s. Seite 8).

**6.**

Biege nun den Chenilledraht so zurecht, dass man die Ellenbogen und die Füße erkennen kann. Schneide dann den Draht auf die richtige Länge zu.

**7.**

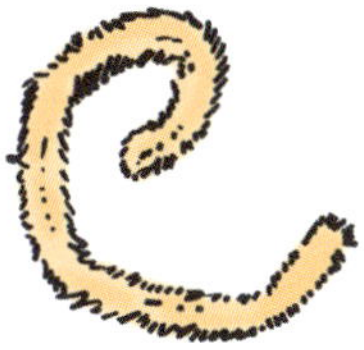

Biege den Rest des Chenilledrahts zu einem Kringel.

**8.**

Den Kringel (den Schwanz) klebst du hinten in den Kiefernzapfen ein.

**9.**

Zum Schluss klebst du noch den Kopf oben auf den Körper auf.

# PANDA

Pandas sind besonders wählerisch mit ihrer Ernährung: Sie fressen am liebsten nur Bambusblätter. Den Fichtenzapfen-Panda musst du natürlich nicht füttern.

## DAS BRAUCHST DU:

Chenilledraht (schwarz), ca. 50 cm

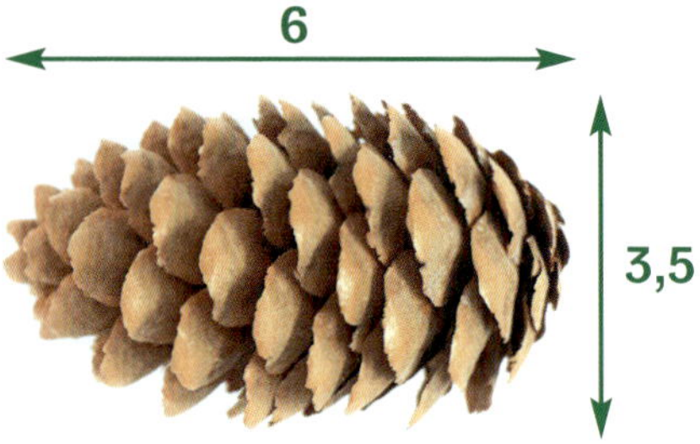


1 Fichtenzapfen,
ca. 6 × 3,5 cm groß

Pompons (schwarz),
1 × ca. 0,5 cm Ø,
2 × ca. 1 cm Ø

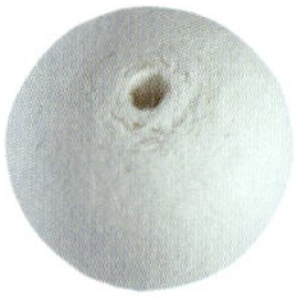

Wattekugel, 3,5 cm Ø

# UND SO GEHT'S:

## 1.

Male den Fichtenzapfen mit Deckweiß an. Besonders schön sieht es aus, wenn du nur die Außenseite der Schuppen bemalst.

## 2.

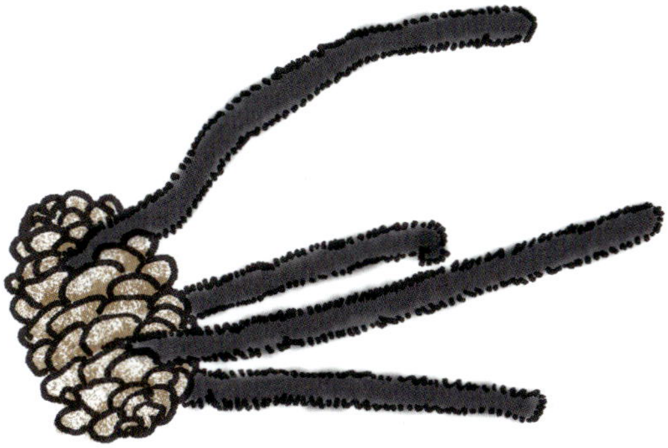

Klemme zwei je etwa 25 cm lange Stücke Chenilledraht für die Arme und Beine in den Fichtenzapfen und verdrehe sie vor dem Zapfenkörper (s. Seite 8).

## 3.

Biege den Draht so zurecht, dass die vier Pfoten gut zu erkennen sind. Schneide den Draht nun auf die richtige Länge zu.

## 4.

Male zunächst die Pandaaugen auf die Wattekugel auf: zwei runde Kreise mit einem Punkt in der Mitte.

## 5.

Dann klebst du die Pompons für Ohren und Nase auf. Orientiere dich an der Zeichnung oben.

## 6.

Entferne die mittleren Schuppen aus der Spitze des Zapfens. Lass dir dabei helfen, falls es dir nicht auf Anhieb gelingt.

## 7.

Klebe zum Schluss den Kopf in die Mulde an der Spitze des Zapfens.

# KATZE

Wie eine richtige Katze kann auch diese Zapfenkatze stundenlang unbeweglich dasitzen und dabei stur in eine Richtung schauen, ohne zu blinzeln.

## DAS BRAUCHST DU:

Vorlage auf Seite 59

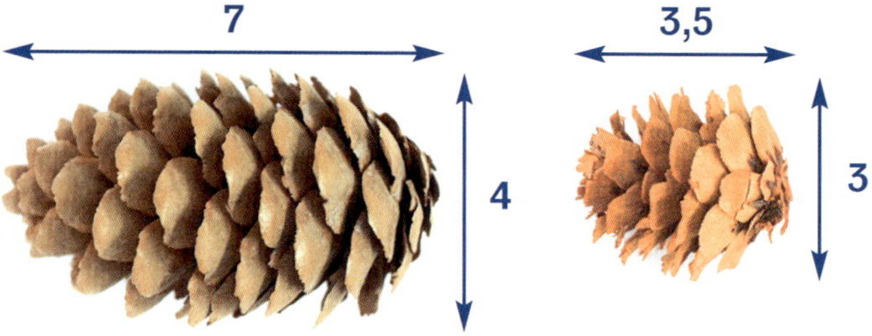


2 Fichtenzapfen, ca. 7 × 4 cm und 3,5 × 3 cm groß

Chenilledraht (orange), ca. 25 cm

Wackelaugen

Filz (orange)

4 Pompons (orange), ca. 1 cm Ø

1 Pompon (schwarz), ca. 0,5 cm Ø

# UND SO GEHT'S:

**1.**

Entferne die mittleren Schuppen aus den Spitzen beider Zapfen. Lass dir dabei helfen, falls es dir nicht auf Anhieb gelingt.

**2.**

Klebe nun die Zapfen mit den Spitzen zusammen. Ein Gummiband hilft dir dabei, die Zapfen längere Zeit zusammenzudrücken.

**3.**

Übertrage die Form für die Ohren von Seite 59 auf den Filz und schneide sie aus.

**4.**

Klebe die Ohren auf die Rückseite des Kopfes.

**5.**

Auf die Vorderseite des Kopfes klebst du die Augen und den Pompon für die Nase.

**6.**

Wickle eine kleine Spirale aus dem Chenilledraht. Lass aber ein längeres Ende für den Schwanz übrig.

**7.**

Klebe die Katze in die Spirale ein. Sie sitzt nun darin wie ein Ei in einem Eierbecher.

**8.**

Klebe zum Schluss die vier Pompons für die Pfoten auf den Bauch der Katze.

# WOLF

Wölfe sind eigentlich gar nicht so böse wie im Märchen. Der Zapfenwolf sieht jedenfalls ganz plüschig aus. Aber was passiert, wenn er das Rotkäppchen von Seite 32 trifft?

## DAS BRAUCHST DU:

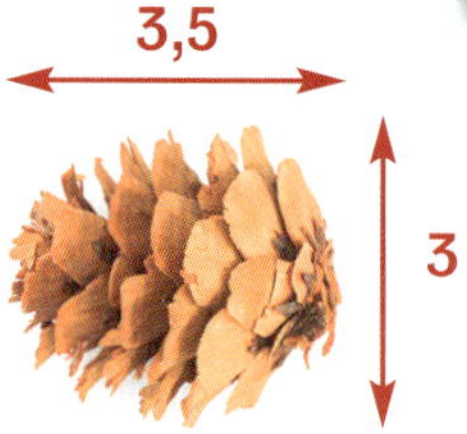


2 Fichtenzapfen, ca. 7 × 4 cm und 3,5 × 3 cm groß

Chenilledraht (braun), ca. 60 cm

Pompon (rot),
1 × ca. 0,5 cm Ø
Pompons (schwarz),
2 × ca. 1 cm Ø

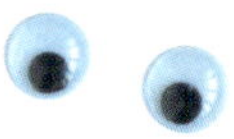

Wackelaugen

## UND SO GEHT'S:

**1.**

Entferne die mittleren Schuppen aus den Spitzen des größeren Zapfens. Lass dir dabei helfen, falls es dir nicht auf Anhieb gelingt.

**2.**

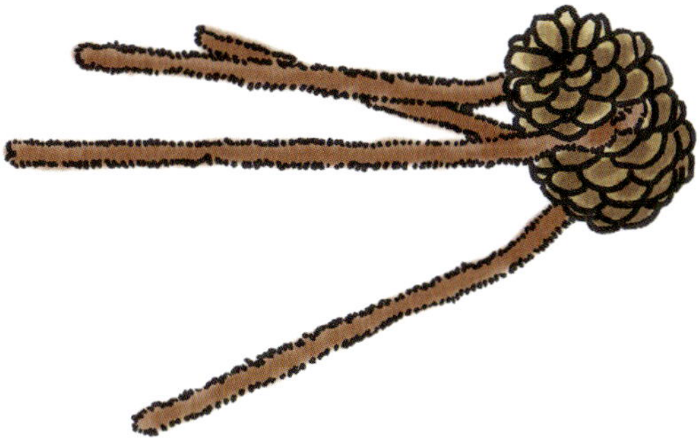

Klemme zwei je etwa 25 cm lange Stücke Chenilledraht für die Arme und Beine in den Fichtenzapfen und verdrehe sie vor dem Zapfenkörper (s. Seite 8).

**3.**

Knicke dann die vier Beine so, dass sie vom Körper (dem Zapfen) abstehen und schneide sie auf die gleiche Länge zurecht.

**4.**

Knicke die Füße ab. Stelle nun den Körper auf die Beine und biege die Beine so zurecht, dass der Wolf stabil stehen kann.

**5.**

Klebe den Rest des Chenilledrahts als Schwanz zwischen die Schuppen des Zapfens.

**6.**

Beklebe den kleineren Zapfen mit Pompons und Wackelaugen. Das ist der Kopf des Wolfes.

**7.**

Klebe nun die Zapfen mit den Spitzen gegeneinander zusammen. Falls nötig, hilft dir ein Gummiband dabei.

# ROTKÄPPCHEN

Die rote Kappe, von der im Märchen die Rede ist, ist eigentlich ein Mantel mit Kapuze. So einen trägt auch das Kiefernzapfen-Rotkäppchen.

## DAS BRAUCHST DU:

Vorlagen auf Seite 60

6

6

1 Kiefernzapfen, ca. 6 × 6 cm groß

Filz (rot), ca. 15 × 15 cm

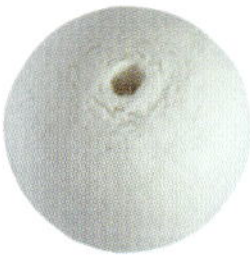

Wattekugel, 3 cm Ø

Fotokarton (rot), ca. 14 × 10 cm

# UND SO GEHT'S:

**1.**

Male die Wattekugel orange an und lasse sie gut trocknen.

**2.**

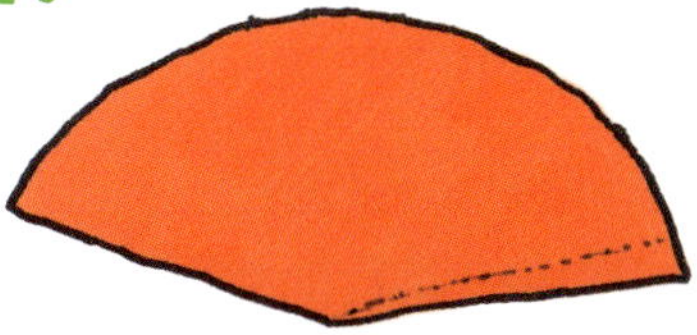

Übertrage die Form für den Mantel nach der Vorlage auf Seite 60 auf roten Filz und schneide sie aus.

**3.**

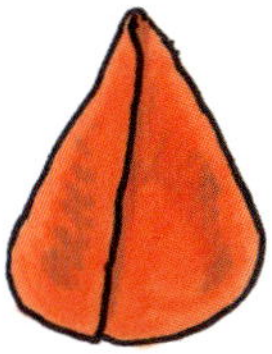

Klebe das Manteilteil nun zu einer spitzen Tüte zusammen.

**4.**

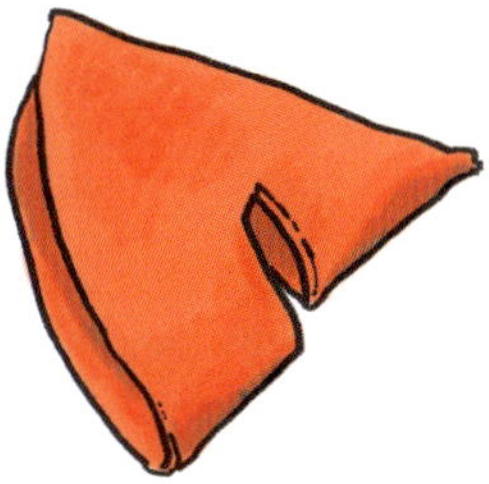

Schneide in die Mitte der Tüte einen ca. 2,5 cm langen Schlitz ein.

**5.**

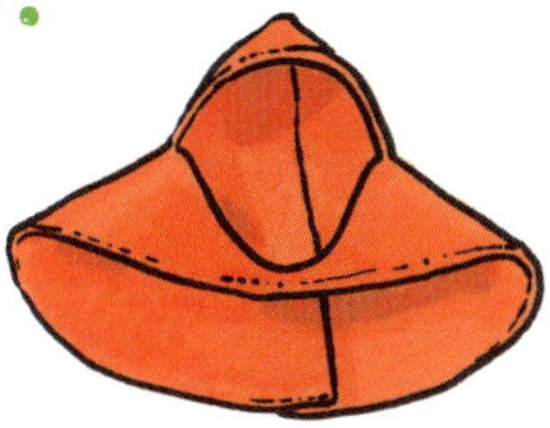

Ziehe den Schlitz auseinander, sodass sich eine kleine Kapuze bildet.

**6.**

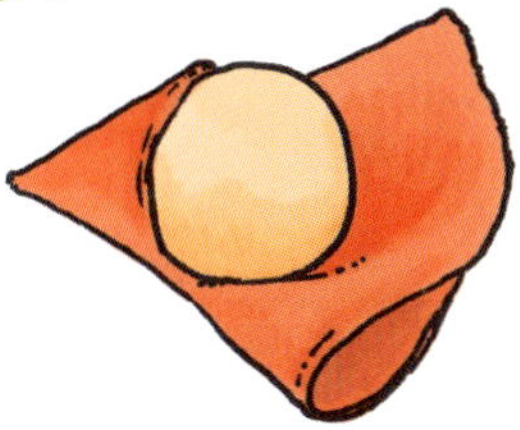

Klebe die Wattekugel oben in die Kapuze ein.

**7.**

Male mit Filzstift ein Gesicht auf die Wattekugel auf.

**8.**

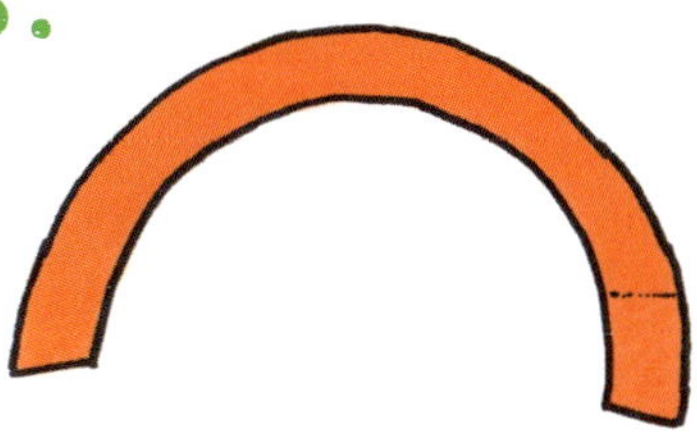

Übertrage die Vorlage für den Fuß von Seite 60 auf den Fotokarton und schneide die Form aus.

**9.**

Klebe diese Form zu einem Ring zusammen. Er sollte unten breiter als oben sein.

**10.**

Entferne die mittleren Schuppen aus den Spitzen des Zapfens. Lass dir dabei helfen, falls es dir nicht auf Anhieb gelingt.

**11.**

Klebe den Zapfen in den Fußring ein.

**12.**

Zum Schluss klebst du den Kopf oben auf den Zapfen auf. Ziehe den Mantel zurecht.

# PINOCCHIO

Wie lang du seine Nase machst, hängt ganz davon ab, ob der kleine Holzkopf mal wieder gelogen hat.

## DAS BRAUCHST DU:

Vorlage auf Seite 63

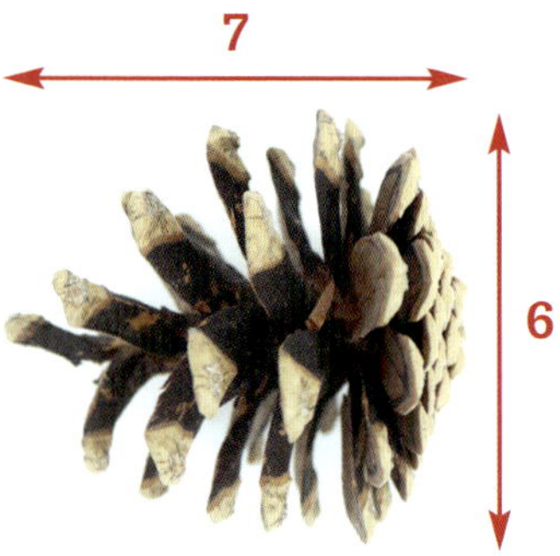


1 Kiefernzapfen, ca. 7 × 6 cm groß

Filz (gelb), 10 × 10 cm
Filz (lila), 0,5 × 8 cm

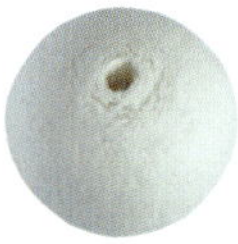

Wattekugel, 4 cm Ø

Wellpappe, 10 × 10 cm

Korken

Holzspieß, ca. 4 mm Ø

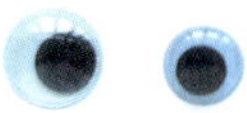

2 unterschiedliche Wackelaugen

Reststück Chenilledraht

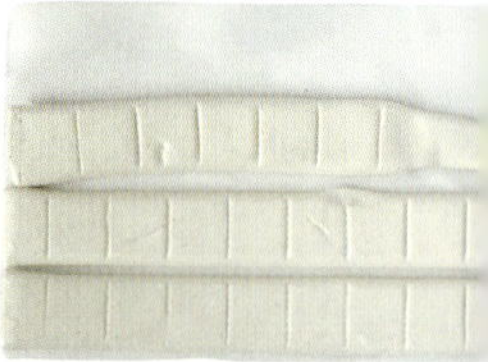

Klebeknete

# UND SO GEHT'S:

**1.**

Schneide zwei ca. 10 cm lange Stücke des Holzspießes zurecht und drücke eine Stück Klebeknete an je ein Ende.

**2.**

Klebe die Spieße mit der Knete zwischen die Schuppen des Zapfens.

**3.**

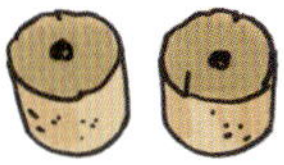

Schneide den Korken in der Mitte durch und bohre je ein Loch in die Hälften.

**4.**

Klebe die Korkenstücke an die Enden der Spieße: Das sind die Füße.

**5.**

Damit die Figur gut steht, klebe die Füße auf Wellpappe fest.

**6.**

Bemale die Wattekugel mit orangefarbener Deckfarbe und lass sie gut austrocknen.

**7.**

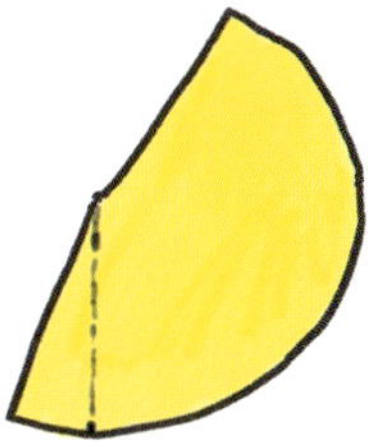

Übertrage die Form für die Mütze nach der Vorlage auf Seite 63 auf Filz und schneide sie aus.

**8.**

Klebe die Form zu einer spitzen Tüte zusammen, wie oben in der Zeichnung gezeigt.

**9.**

Klebe die Tüte auf die Wattekugel auf und klebe auch das 8 cm lange Zierband aus Filz auf.

**10.**

Klebe die Nase (das Reststück Chenilledraht) in das Loch der Wattekugel ein.

**11.**

Klebe die beiden Wackelaugen rechts und links neben der Nase auf.

**12.**

Zum Schluss klebst du den Kopf auf den Körper.

# WALD-WICHTEL

Wenn man im Wald lebt und nicht so sehr auffallen möchte, trägt man am besten blattgrüne Kleidung. So macht es auch der Wald-Wichtel.

## DAS BRAUCHST DU:

Vorlagen auf Seite 61

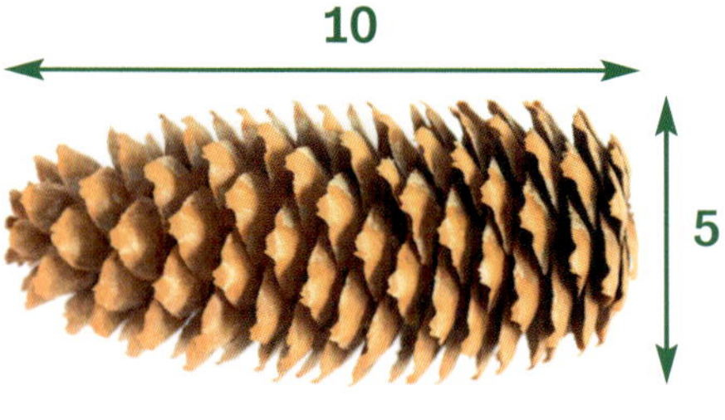


1 Fichtenzapfen, ca. 10 × 5 cm groß

Klorolle

Filz (grün), ca. 15 × 10 cm
Filzreste (gelb, schwarz)

Wackelaugen

Bastelwatte

# UND SO GEHT'S:

## 1.

Übertrage die Form für die Mütze nach der Vorlage auf Seite 61 auf den grünen Filz und schneide sie aus.

## 2.

Klebe sie zu einer Röhre zusammen.

## 3.

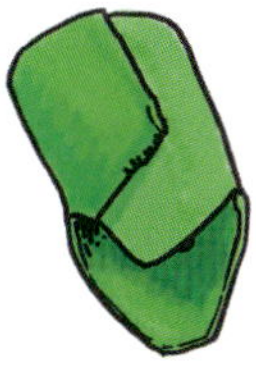

Klebe die Laschen rechts und links der Naht übereinander.

## 4.

Klebe dann die mittlere Lasche über die anderen beiden.

## 5.

Klebe das Hutband aus schwarzen und gelbem Filz auf.

## 6.

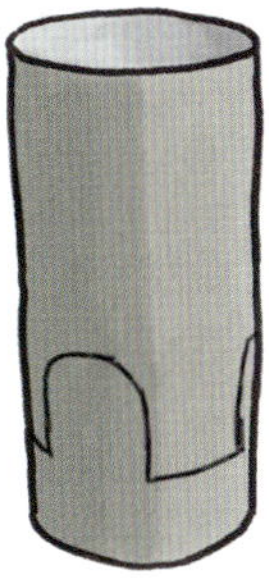

Übertrage die passende Form für die Füße von Seite 61 auf die Klorolle.

## 7.

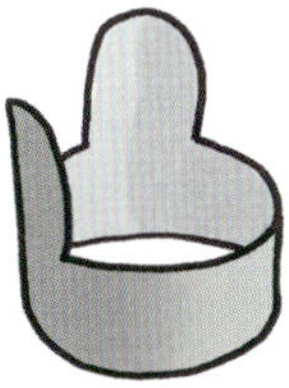

Schneide die Form aus der Klorolle aus.

## 8.

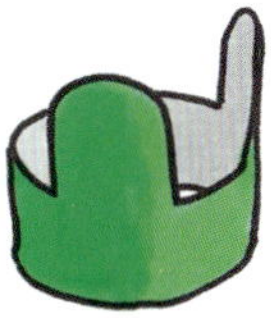

Male das Stück Klorolle grün an.

## 9.

Klebe dem Zapfen einen Bart aus Bastelwatte auf.

## 10.

Auf die Oberkante des Barts klebst du nun mittig die Wackelaugen.

## 11.

Setze den „bärtigen' Zapfen mit der Spitze nach oben in die Klorollenfüße ein.

## 12.

Zum Schluss setzt du dem Wichtel die Mütze auf.

# SKI-WICHTEL

Schau genau: Der kleine Skifahrer hat gar keine Arme. Doch wenn du die Hände ganz dicht neben den Körper stellst, „denkt“ sich das Auge des Betrachters die Arme dazu.

## DAS BRAUCHST DU:

Vorlage auf Seite 61

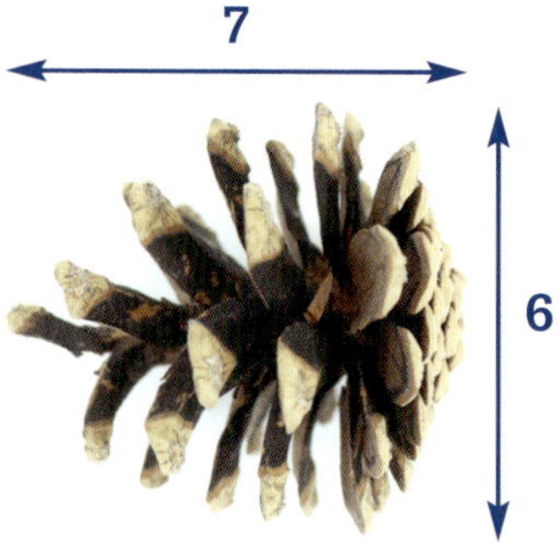


1 Kiefernzapfen,
ca. 7 × 6 cm groß

Filzstreifen (grün), 1 × 20 cm,
Filz (rot), ca. 11 × 11 cm

2 Wattekugeln,
1 cm Ø

Wattekugel,
3,5 cm Ø

2 Eichelhütchen

2 Zahnstocher

Wackelaugen

2 Eisstiele

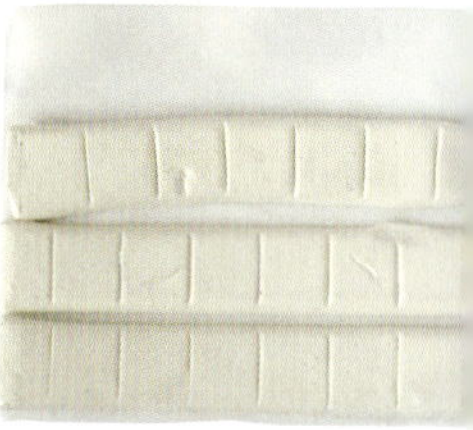

Klebeknete

# UND SO GEHT'S:

**1.**

Bemale die Wattekugel mit oranger Deckfarbe und lasse sie gut trocknen.

**2.**

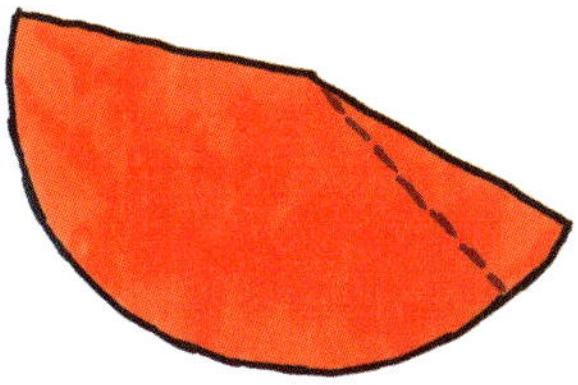

Übertrage die Form für die Mütze nach der Vorlage auf Seite 61 auf Filz und schneide sie aus.

**3.**

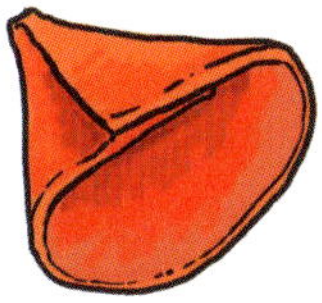

Klebe die Mützenform wie oben gezeigt zu einer spitzen Tüte zusammen.

**4.**

Klebe die Wattekugel so in die Mütze ein, dass das Loch der Kugel nach unten zeigt.

**5.**

Klebe die Wackelaugen auf und male einen Mund: Fertig ist das Gesicht.

**6.**

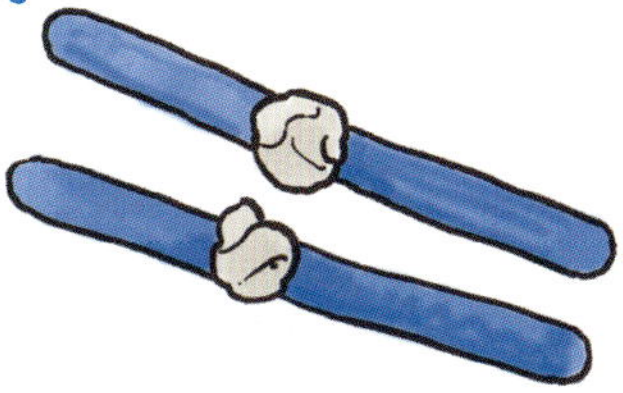

Male die Eisstiele an und setze je einen Klumpen Klebeknete in die Mitte der Stiele.

**7.**

Klebe den Zapfen auf die Eisstiele auf.

**8.**

Knote den grünen Filzstreifen um die Spitze des Zapfens.

**9.**

Setze den Kopf auf den Zapfen: Das Loch sollte auf die Spitze passen.

**10.**

Male auch die beiden kleinen Wattekugeln orange an.

**11.**

Bohre Löcher in die Eichelhütchen (oder lass dir helfen) und fülle sie von unten mit Klebeknete aus.

**12.**

Schneide nun vorsichtig die spitzen Enden der Zahnstocher ab.

**13.**

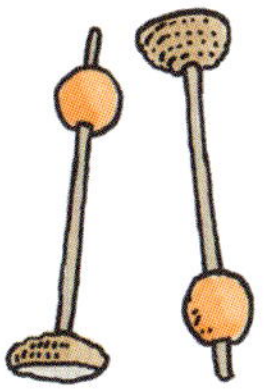

Stecke die Zahnstocher durch die Wattekugeln und in die Eichelhütchen.

# FLUGZEUG

So ein kleiner Doppeldecker kann besonders gut wendige Flugmanöver ausführen. Aber es ist immer nur Platz für zwei Personen, die hintereinander sitzen.

## DAS BRAUCHST DU:

Vorlagen auf Seite 61

1 Fichtenzapfen, ca. 11 × 5 cm groß

2 Zahnstocher

Fotokarton (schwarz, blau)

2 Holzspatel

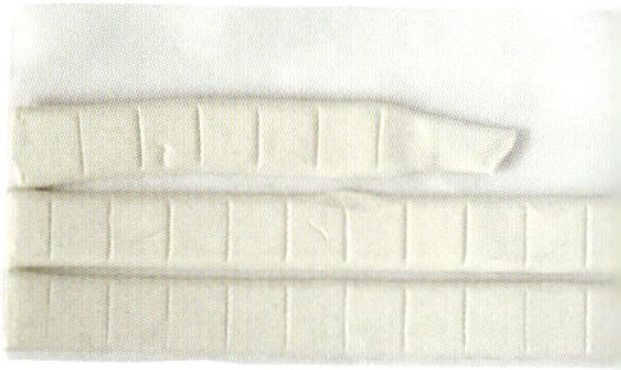

Klebeknete

# UND SO GEHT'S:

## 1.

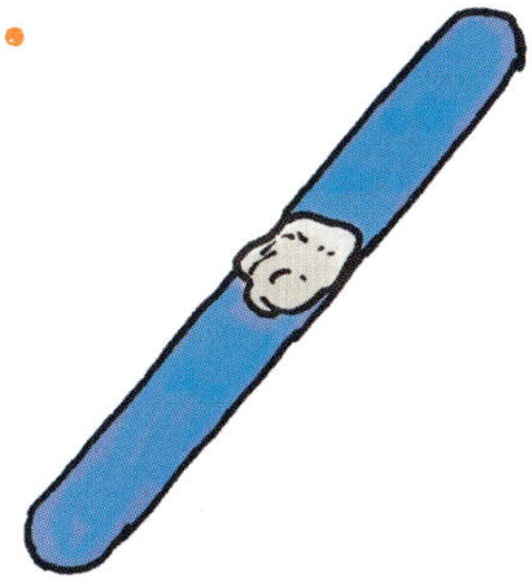

Bemale beide Holzspatel und setze einen Klumpen Klebeknete auf einen der Spatel.

## 2.

Klebe den Zapfen auf den Spatel und setze einen weiteren Klumpen Klebeknete auf den Zapfen.

## 3.

Klebe den zweiten Spatel auf den Zapfen. Zeichne den Abstand der beiden Spatel an den Zahnstochern an.

## 4.

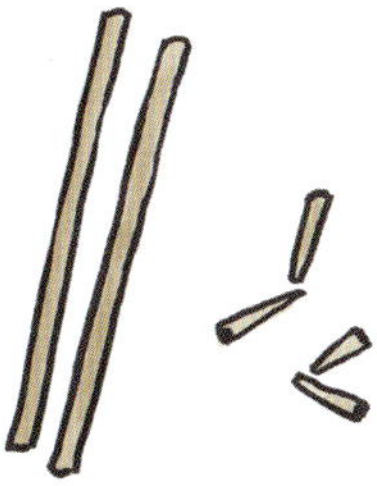

Schneide die Zahnstocher auf die gemessenen Längen zurecht.

## 5.

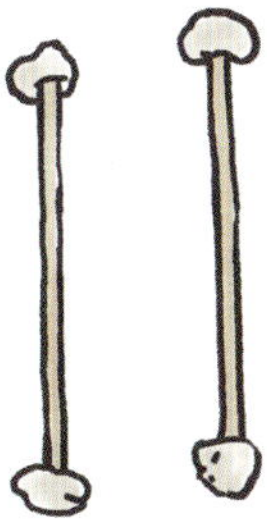

Setze kleine Klumpen Klebeknete an die Enden der Zahnstocher.

## 6.

Klebe die Zahnstocher zwischen die Spatel, wie oben gezeigt. Damit stabilisierst du die Tragflächen des Flugzeugs.

## 7.

Übertrage die Vorlagen von Seite 61 auf Fotokarton und schneide sie aus.

## 8.

Klebe das Seitenruder mit Klebstoff in die Spitze des Zapfens ein.

## 9.

Klebe zum Schluss den Propeller mit etwas Klebeknete an den Boden des Fichtenzapfens.

# GESPENST

Um Mitternacht schwebt das Gespenst durchs Schloss und schlackert mit seinen langen Armen. Vielleicht fällt dir ja ein noch gruseligeres Gesicht für den Geist ein?

## DAS BRAUCHST DU:

Vorlagen auf Seite 62

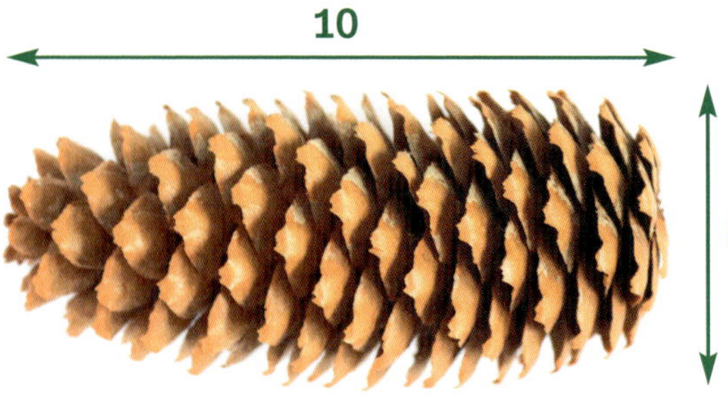


1 Fichtenzapfen, ca. 10 × 5 cm groß

Filz (schwarz)

Klorolle

Chenilledraht (weiß), ca. 25 cm

# UND SO GEHT'S:

## 1.

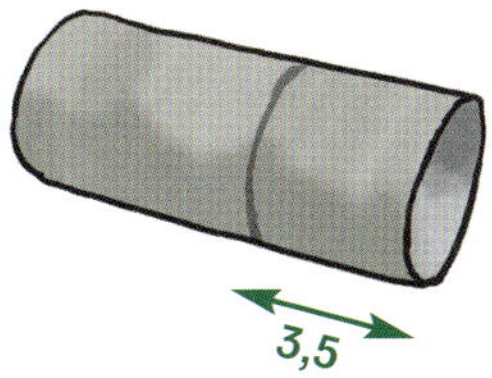


Zeichne 3,5 cm vom Rand entfernt einen Strich auf die Klorolle. Schneide das Stück von der Klorolle ab.

## 2.

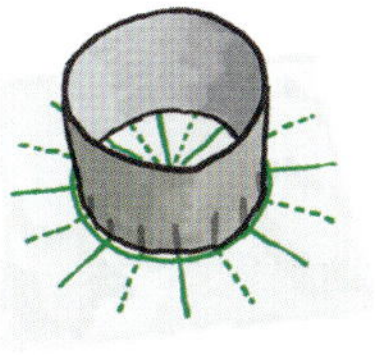

Um regelmäßige Zacken zu schneiden, kannst du die Schablone auf Seite 62 verwenden.

## 3.

Schneide nun acht Zacken aus der Klorolle aus.

## 4.

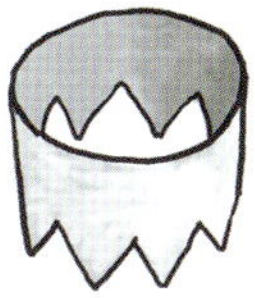

Male die Klorollenkrone mit Deckweiß an.

## 5.

Male den Zapfen mit Deckweiß an. Besonders schön sieht es aus, wenn du nur die Außenseite bemalst.

## 6.

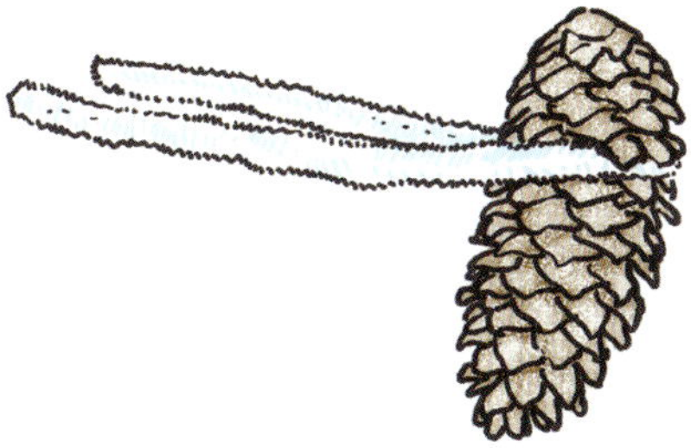

Klemme den Chenilledraht für die Arme zwischen den Schuppen des Fichtenzapfens ein (s. Seite 8).

## 7.

Biege die Arme so zurecht, dass es möglichst wild und gruselig aussieht.

## 8.

Übertrage Mund und Augen von der Vorlage auf Seite 62 auf den schwarzen Filz und schneide die Teile aus.

## 9.

Klebe Mund und Augen auf das Ende des Zapfens auf.

## 10.

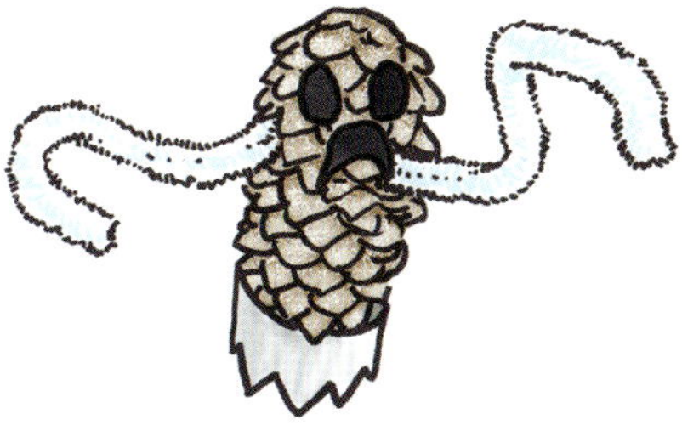

Zum Schluss steckst du den Zapfen in den Klorollenfuß (das „Krönchen"), damit das Gespenst nicht umfällt.

# NIXE

Die Schuppen auf dem Fischschwanz der kleinen Meerjungfrau funkeln wie Edelsteine im Sonnenlicht. So wie auch die bunten Pailletten der Kiefernzapfen-Nixe.

## DAS BRAUCHST DU:

Vorlage auf Seite 59

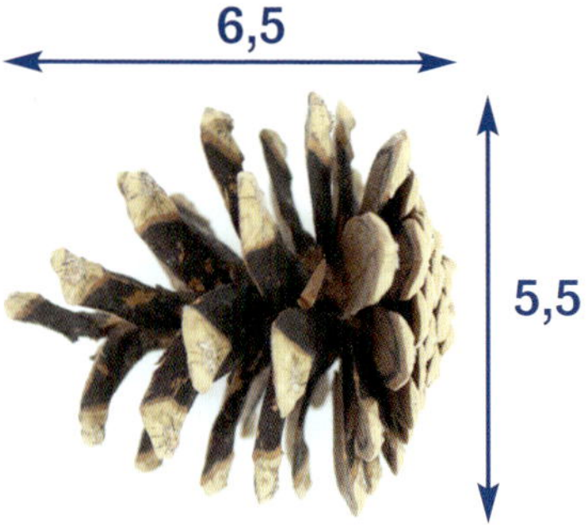


1 Kiefernzapfen,
ca. 6,5 × 5,5 cm groß

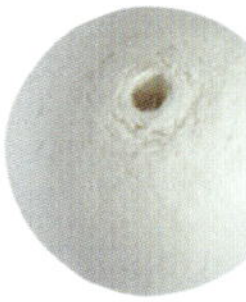

Wattekugel,
3,5 cm Ø

Mini-Pompons
(grün)

Fotokarton (blau),
ca. 9 × 9 cm

Wackelaugen

Chenilledraht (blau), ca. 30 cm Ø

bunte Pailletten

# UND SO GEHT'S:

**1.**

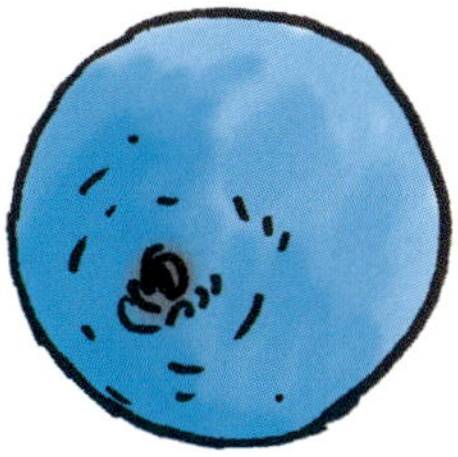

Male die Wattekugel mit hellblauer Deckfarbe an und lasse sie gut trocknen.

**2.**

Klebe die Mini-Pompons wie hier gezeigt als Haare auf die Wattekugel auf.

**3.**

Klebe nun unterhalb der Frisur die Wackelaugen an und male einen Mund auf.

**4.**

Wickle den Chenilledraht zu einer Spirale fest zusammen. Diese sollte etwa 5 bis 6 cm Durchmesser haben.

**5.**

Für die Schwanzflosse überträgst du die Vorlage von Seite 59 auf Fotokarton und schneidest sie aus.

**6.**

Klebe die Chenille-Spirale und viele bunte Pailletten auf die Schwanzflosse.

**7.**

Klebe nun Pailletten auf den Zapfen. Dazu bestreichst du uímmer nur einen Abschnitt des Zapfens mit Klebstoff und streust Pailletten darauf.

**8.**

Klebe nun den Zapfen auf die Chenille-Spirale auf der Schwanzflosse.

**9.**

Zum Schluss klebst du noch den Kopf auf den Zapfen. Am einfachsten geht das, wenn die Spitze ins Loch der Wattekugel passt.

# ZAUBERER

Sehr geheimnisvoll wirkt der Zauberer mit seinem spitzen Stern-Hut, dem langen Bart und der strengen Brille.

## DAS BRAUCHST DU:

**Vorlagen auf Seite 63**

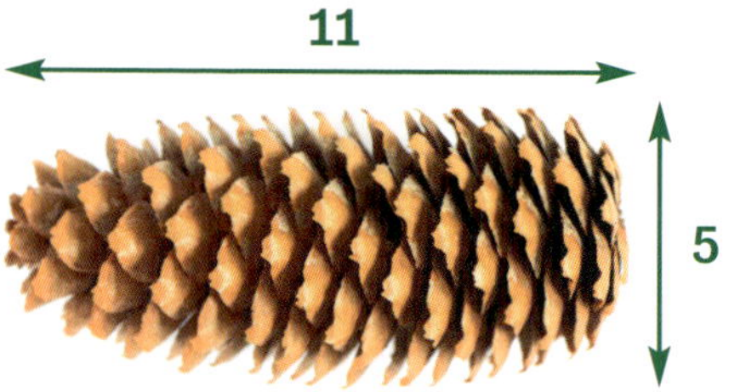


1 Fichtenzapfen, ca. 11 × 5 cm groß

Klorolle

Karton (schwarz)

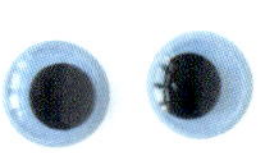

Wackelaugen

Bastelwatte

Filz (blau), ca. 12 × 12 cm

Glitzersterne

# UND SO GEHT'S:

**1.**

Klebe eine Bart aus Bastelwatte auf den Zapfen, sodass er bis zum Ende des Zapfens reicht.

**2.**

Übertrage die Brille von Seite 63 auf Fotokarton, schneide sie aus und klebe die Wackelaugen auf.

**3.**

Klebe die Brille mit den Wackelaugen über dem Bart auf den Fichtenzapfen.

**4.**

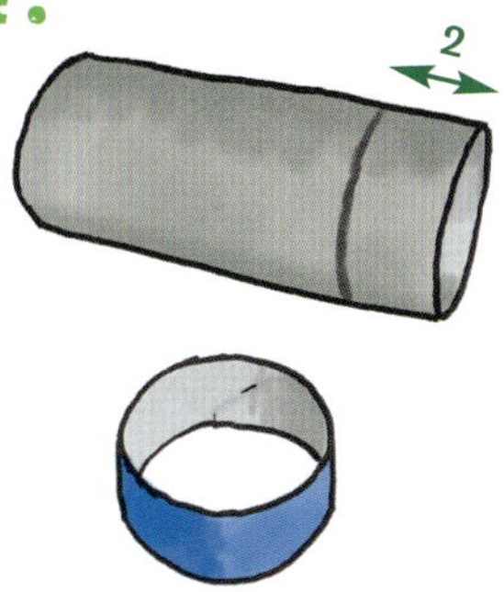


Zeichne 2 cm vom Rand entfernt eine Linie auf die Klorolle. Schneide das Stück ab und male es blau an.

**5.**

Bestreiche den oberen Rand des Klorollenstücks mit Klebstoff und setze den Zapfen hinein.

**6.**

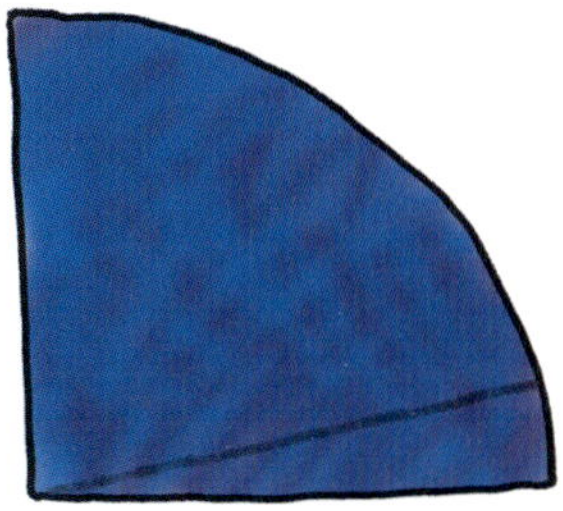

Übertrage die Vorlage von Seite 63 auf den blauen Filz und schneide die Form aus.

**7.**

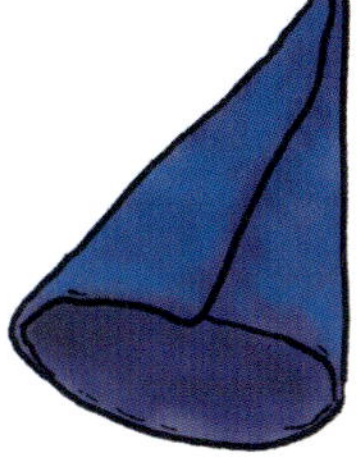

Klebe das Filzstück zu einem spitzen Trichter zusammen.

**8.**

Beklebe den Trichter (das ist der Hut) mit Glitzersternen.

**9.**

Klebe zum Schluss den Hut auf den Zapfen.

# PIRAT

Man sagt ja, dass die Piraten ihre Augenklappe trugen, um immer ein Auge an die Dunkelheit unter Deck zu gewöhnen. Trägt dein Pirat auch eine Augeklappe?

## DAS BRAUCHST DU:

**Vorlagen auf Seite 63**

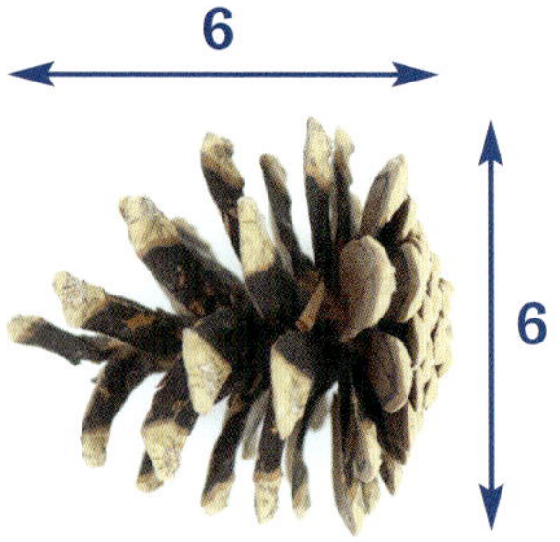


1 Kiefernzapfen,
ca. 6 × 6 cm groß

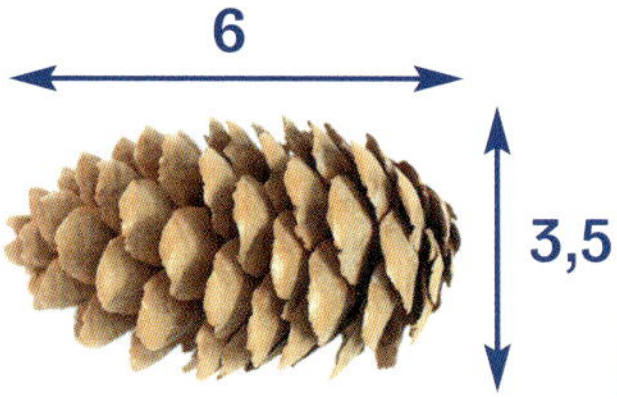


1 Fichtenzapfen,
ca. 6 × 3,5 cm groß

Wackelaugen

Filz (schwarz),
ca. 10 × 12 cm,
(weiß), ca. 3 × 4 cm

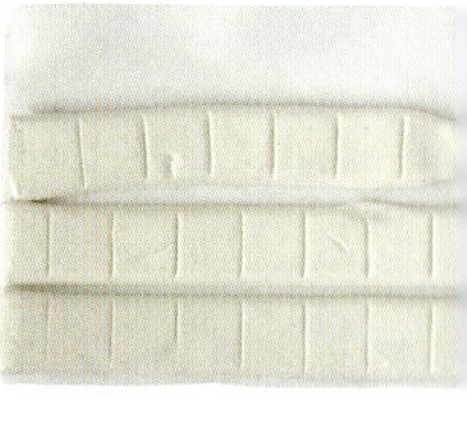

Klebeknete

Chenilledraht (gemustert), ca. 25 cm

# UND SO GEHT'S:

**1.**

Übertrage die Vorlagen von Seite 63 auf den Filz und schneide alles aus.

**2.**

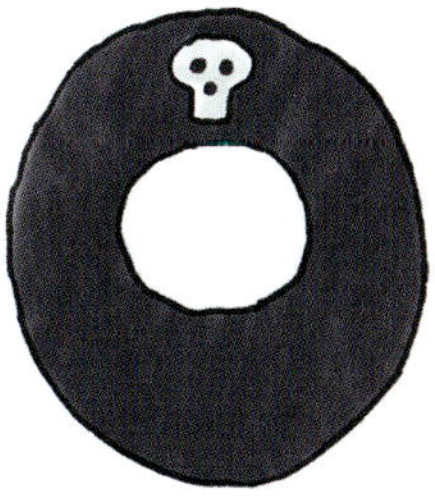

Male ein Gesicht auf den Totenkopf und klebe diesen auf den schwarzen Filz auf.

**3.**

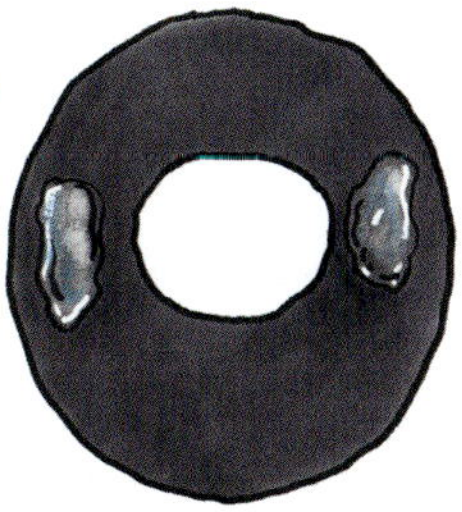

Drehe den Filz um und tupfe Klebstoff auf die schmalen Stellen auf.

**4.**

Klebe diese Stellen wie auf der Zeichnung zusammen, so bekommt der Hut seine Form.

**5.**

Stecke den Fichtenzapfen durch die Öffnung im Hut und klebe ihn an.

**6.**

Klebe die Wackelaugen so auf, dass der Totenkopf dazwischen steht.

**7.**

Entferne die Spitze des Zapfens. Lass dir dabei helfen, falls es dir zu schwer fällt.

**8.**

Biege den Chenilledraht in der Mitte und klemme ihn dann für die Arme zwischen den Schuppen nahe der Spitze ein (s. Seite 8).

**9.**

Verdrehe den Chenilledraht vorm Zapfen und schneide die Enden gleich lang ab.

**10.**

Setze eine Klumpen Klebeknete in die Mitte des Zapfens und drücke ihn gut fest.

**11.**

Drücke den Kopf fest – aber ohne den Hut zu beschädigen– oben auf den Körper.

# COWBOY

So ein hoher Hut mit einer breiten Krempe ist der Stolz eines jeden Cowboys. Der schützt ihn während der Arbeit auf der Ranch vor der brennenden Sonne.

## DAS BRAUCHST DU:

Vorlagen auf Seite 62

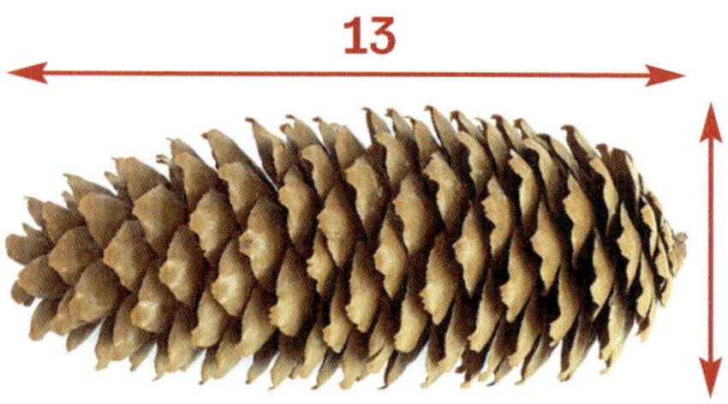


1 Fichtenzapfen, ca. 13 × 5 cm groß

Filz (gelb)

Karton (Blockrückseite), ca. DIN A5

Filz (schwarz) 1 × 18 cm

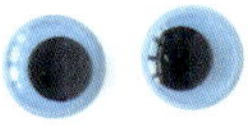

Wackelaugen

Reststück Chenilledraht

Filz (rot) 1 × 15 cm

2 Klorollen

# UND SO GEHT'S:

**1.**

Klebe eine Gürtel aus Filz (mit einer gelben Gürtelschnalle) um den Bauch des Zapfens.

**2.**

Klebe eine Augenbraue aus Chenilledraht hinter die Wackelaugen.

**3.**

Klebe die Augen so auf den Zapfen, dass sie mittig zur Gürtelschnalle sind.

**4.**

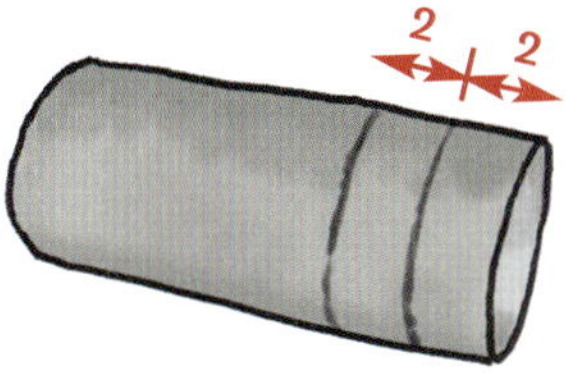


Zeichne jeweils 2 cm vom Rand entfernt 2 Linien auf die Klorolle. Schneide einen der 2 cm breiten Ringe ab.

**5.**

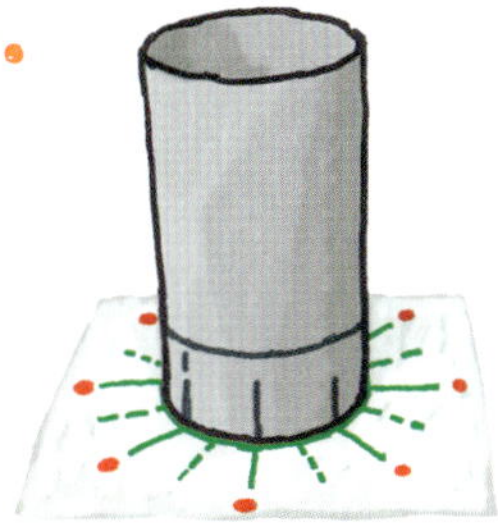

Unterteile den Rand mithilfe der Schablone auf Seite 62 in acht Abschnitte.

**6.**

Schneide den Rand der Klorolle entsprechend ein und knicke die Abschnitte um.

**7.**

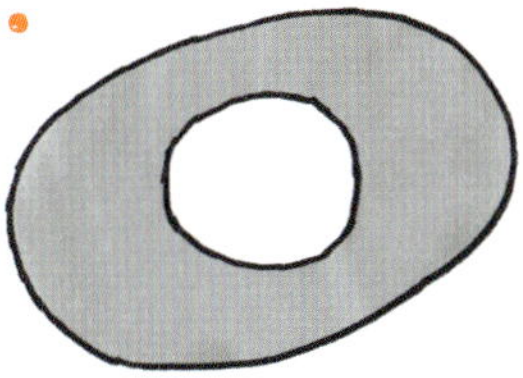

Schneide die Hutkrempe nach der Vorlage auf Seite 62 aus Karton aus.

**8.**

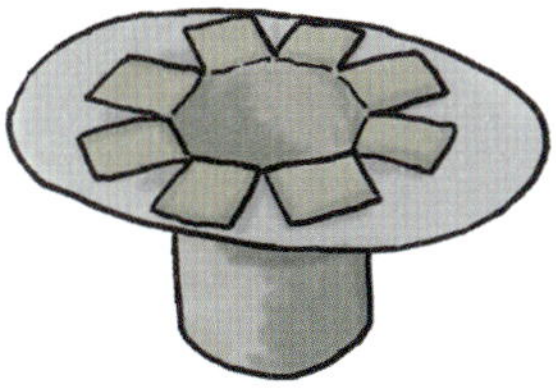

Klebe die Kolorolle wie auf dem Bild in die Krempe ein.

**9.**

Klebe ein Hutband aus rotem Filz auf.

**10.**

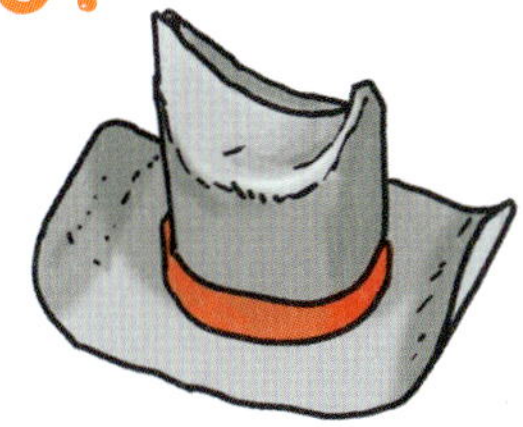

Drücke die Öffnung der Klorolle ein und biege die Enden der Krempe um.

**11.**

Übertrage die Vorlage von Seite 62 auf die zweite Klorolle.

**12.**

Schneide die Form aus und male sie an.

**13.**

Klebe alle Teile zusammen: Klorollenhose, Zapfen und Hut.

# RITTER

Wenn die Rüstung richtig glänzt und funkelt, macht das den Ritter ungemein stolz. Wenn er damit auf ein Turnier gehen will, kannst du ihm ja noch Schwert und Schild basteln.

## DAS BRAUCHST DU:

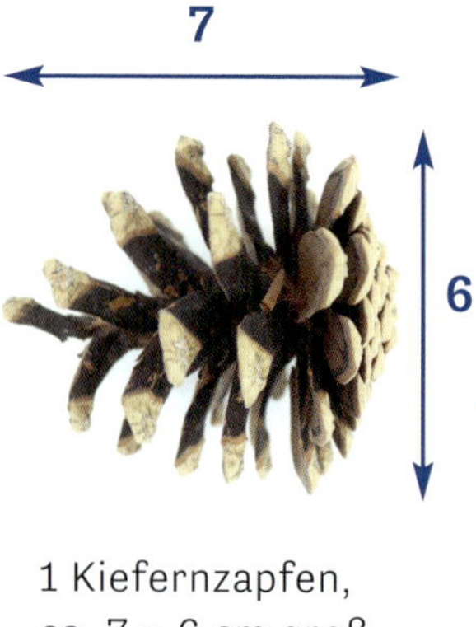


1 Kiefernzapfen, ca. 7 × 6 cm groß

bunte Federn

Alufolie

Wackelaugen

Klorolle

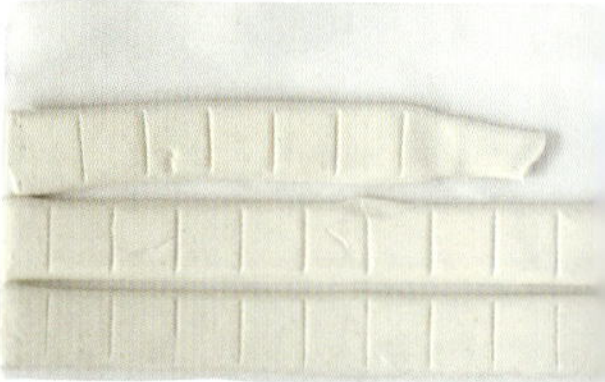

Klebeknete

# UND SO GEHT'S:

## 1.

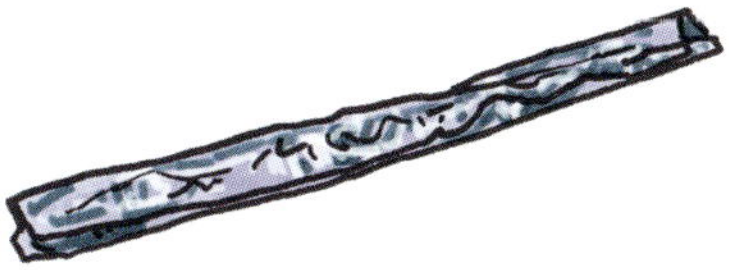

Falze ein Stück Alufolie zu einem 1,5 cm breiten und etwa 15 cm langen Streifen.

## 2.

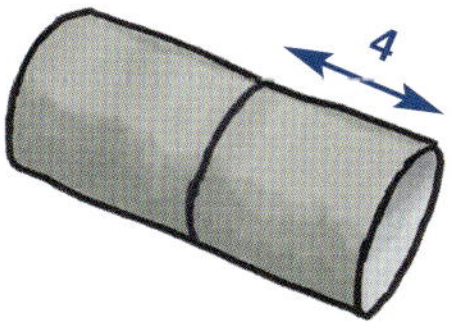


Zeichne 4 cm vom Rand entfernt eine Linie auf die Klorolle und schneide das Stück ab.

## 3.

Klebe den Alustreifen und die Wackelaugen auf das Stück Klorolle auf.

## 4.

Nimm ein ca. 15 × 15 cm großes Stück Alufolie und knicke eine Kante etwa 2 cm um.

## 5.

Klebe die Alufolie mit der gerade Kante über den Wackelaugen um die Klorolle.

## 6.

Verdrehe das überstehende Ende der Alufolie vorsichtig zu einer Spitze.

## 7.

Klebe die Stiele von ein paar bunte Federn auf ein Stück Klebefilm.

## 8.

Klebe den Klebefilm um die Spitze auf dem Kopf.

## 9.

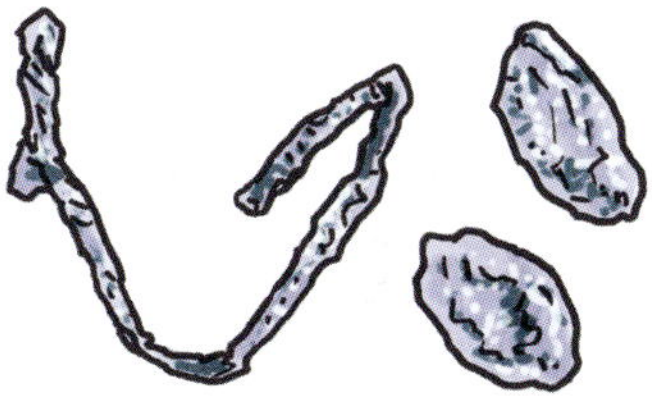

Mache aus drei je 18 x 29 cm großen Stücken Alufolie eine ca. 15 cm lange, dünne Wurst und zwei Füße.

## 10.

Wickle die Wurst zwischen die Schuppen des Zapfens.

## 11.

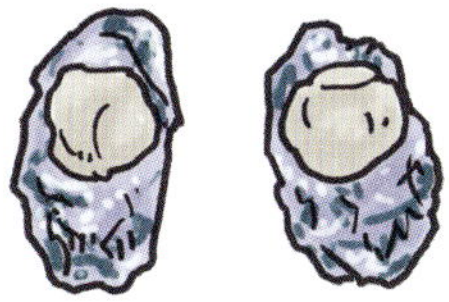

Setze Klebeknetekl umpen auf die Alufolien-Füße.

## 12.

Klebe nun alles zusammen: Füße, Zapfen und Kopf.

# DRACHE

Drachen können wilde und Furcht einflößende Feuerspeier sein. Oder sie sind echte Glücksbringer, dann sind sie ganz freundlich. Was für einen Drachen bastelst du?

## DAS BRAUCHST DU:

Vorlagen auf Seite 62

Chenilledraht (gelb), ca. 30 cm

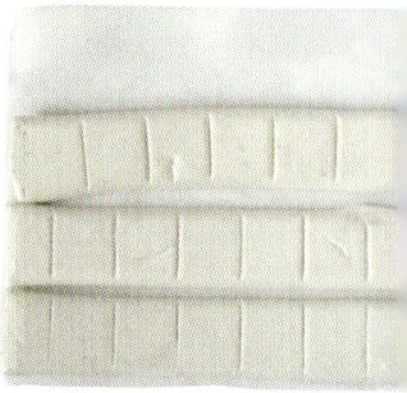

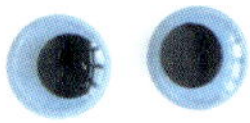

Wackelaugen

Fotokarton (gelb), ca.10 × 12 cm

bunte Federn

Klebeknete

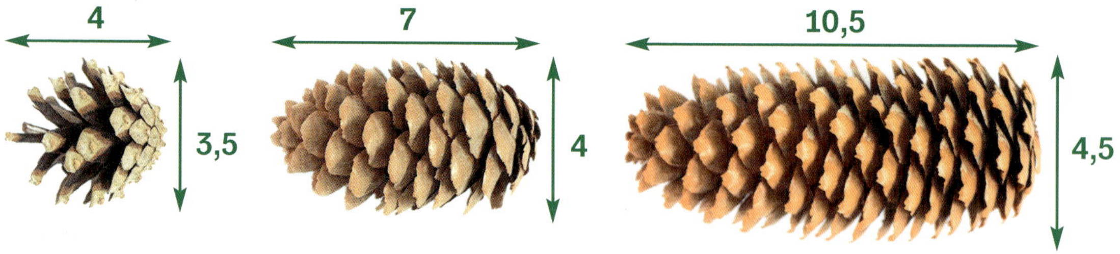


1 Kiefernzapfen, ca. 4 × 3,5 cm groß, 2 Fichtenzapfen, ca. 7 × 4 cm und 10,5 × 4,5 cm groß

# UND SO GEHT'S:

**1.**

Verkante die beiden Fichtenzapfen so ineinander, dass der kleinere Zapfen etwa 2 cm übersteht. Fixiere alles mit Klebstoff.

**2.**

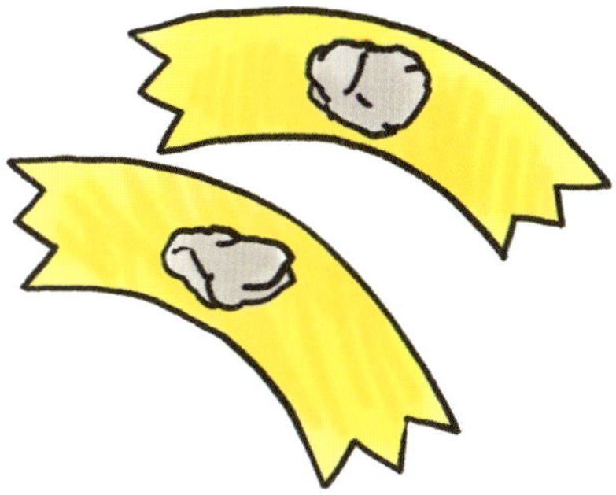

Übertrage die Vorlage von Seite 62 zweimal auf Fotokarton und schneide die Beine aus. Setze zwei große Klumpen Klebeknete darauf.

**3.**

Klebe die Fichtenzapfen auf die Beine aus Fotokarton.

**4.**

Wickle den Chenilledraht um einen Stift zur Spirale.

**5.**

Klebe die Chenillespirale an der Spitze des großen Zapfens fest.

**6.**

Für die Drachenflügel klebst du größere Federn über den Vorderbeinen zwischen die Schuppen des großen Zapfens.

**7.**

Klebe die Wackelaugen auf den Kiefernzapfen und einige kleinere Federn in die Schuppen.

**8.**

Zum Schluss klebst du den Kopf auf den Körper. Du musst darauf achten, dass sich die Zapfen gut verhaken.

# LAMA

Seine Wolle hält das Lama warm. Welche Farbe hat dein Lama? Wenn du keine farbige Watte hast, kannst du natürlich auch ein schneeweißes Lama basteln.

## DAS BRAUCHST DU:

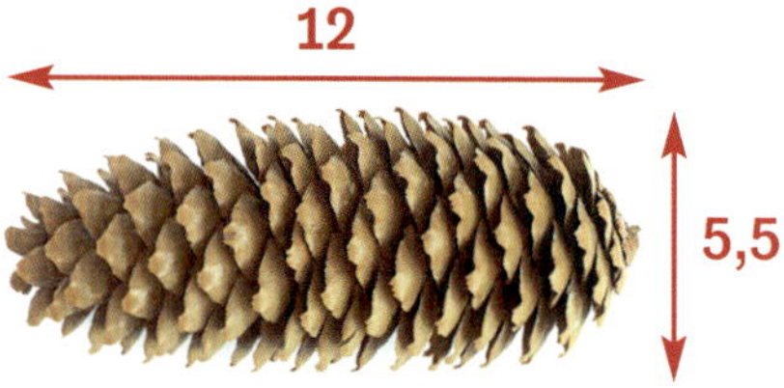


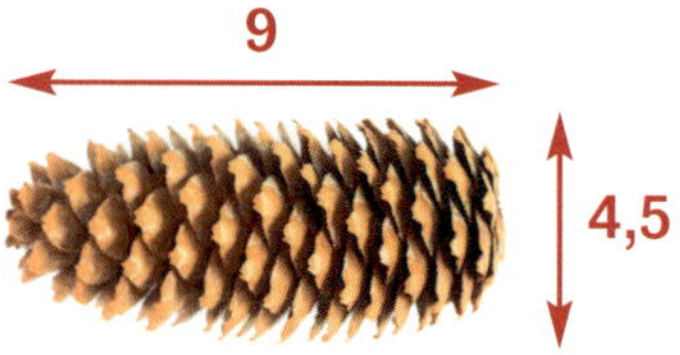


2 Fichtenzapfen, ca. 12 × 5,5 cm und ca. 9 × 4,5 cm groß

Wattekugeln, 1 × 4 cm Ø, 1 × 3 cm Ø, 4 × 2,5 cm Ø

Bastel- oder Filzwatte (gelb)

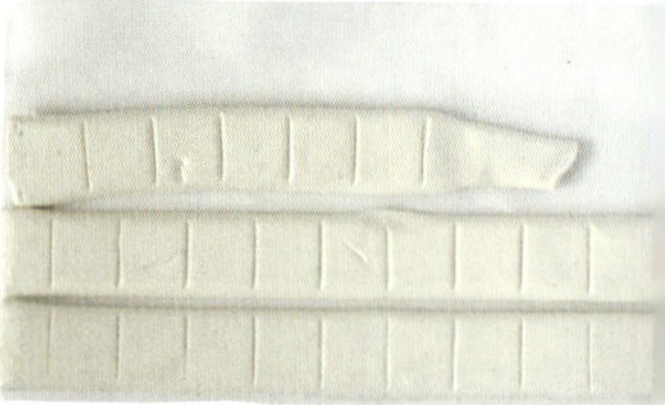

Klebeknete

# UND SO GEHT'S:

**1.**

Entferne die mittleren Schuppen aus der Spitze des größeren Zapfens. Vom kleineren Zapfen entfernst du etwa 3 cm. Lass dir dabei helfen, falls es dir nicht auf Anhieb gelingt.

**2.**

Verhake die beiden Zapfen so ineinander, dass die abgebrochene Oberseite des kleineren Zapfens bündig mit der Unterseite des größeren Zapfens abschließt.

**3.**

Bemale die Wattekugeln. Die vier kleineren Kugeln werden gelb, die beiden größeren orange. Lass sie gut trocknen, bevor du weiterbastelst.

**4.**

Klebe je zwei Wattekugeln zusammen. Verstärke die Verbindung dabei mit je einem halben Zahnstocher.

**5.**

Um die Wattekugeln an die Zapfen zu kleben, bereitest du die Klebestellen mit Klebeknete wie auf der Abbildung vor.

**6.**

Drücke die Wattekugeln und die Zapfen fest zusammen.

**7.**

Klebe die beiden restliche Wattekugeln zusammen und male ein Gesicht auf.

**8.**

Klebe den Kopf in die Spitze des größeren Zapfens.

**9.**

Zum Schluss klebst du noch farbige Watte auf.

# VORLAGEN

## FISCH
Seite 10

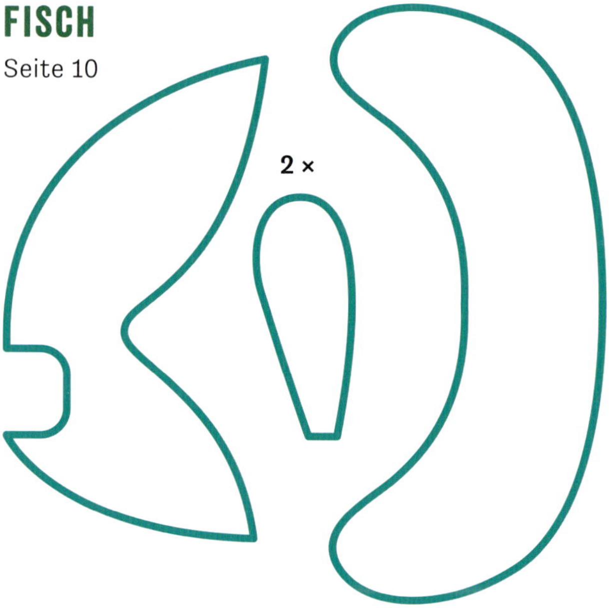


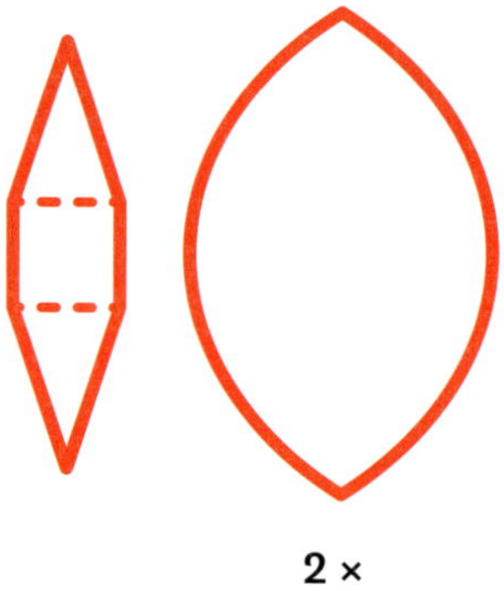


## SPATZ
Seite 14

## PINGUIN
Seite 12

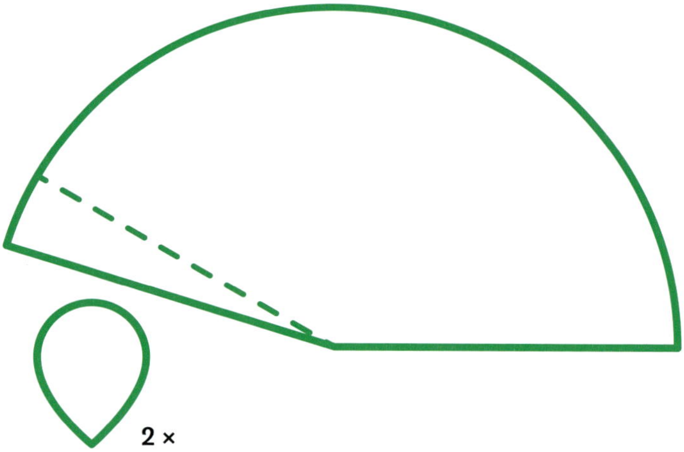


## IGEL
Seite 18

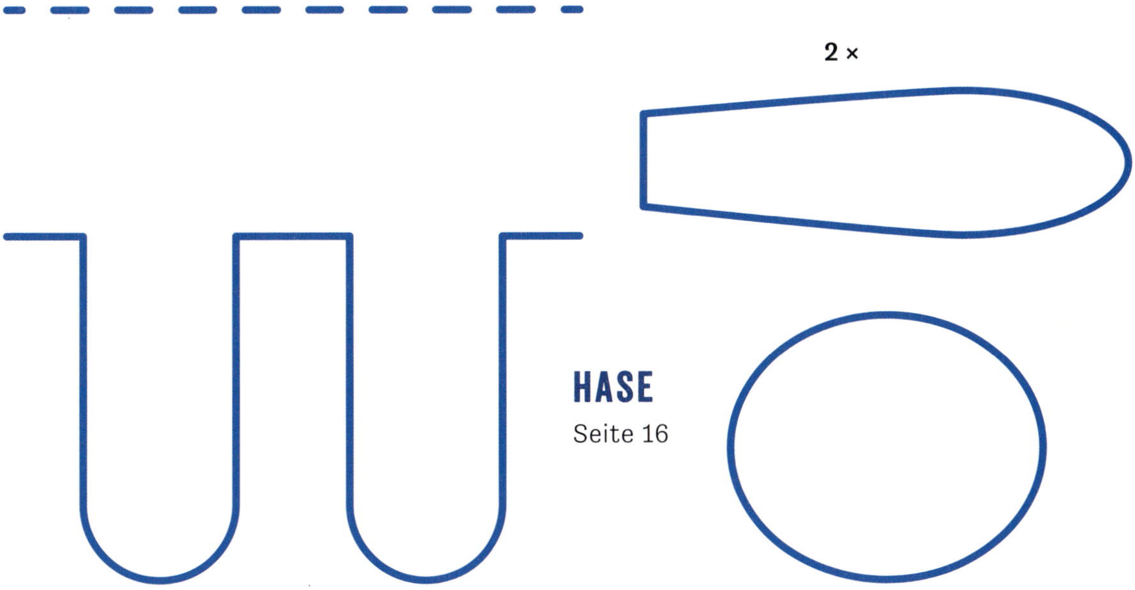


## HASE

Seite 16

## NASHORN

Seite 20

## KATZE

Seite 28

## AFFE

Seite 24

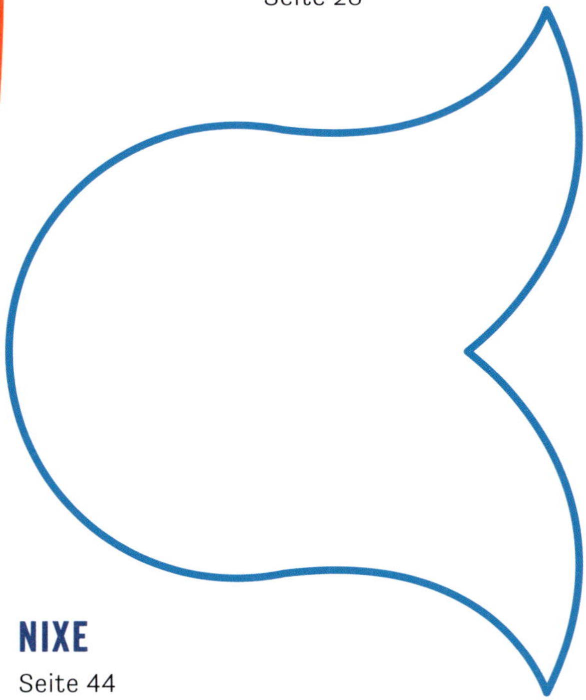

## NIXE

Seite 44

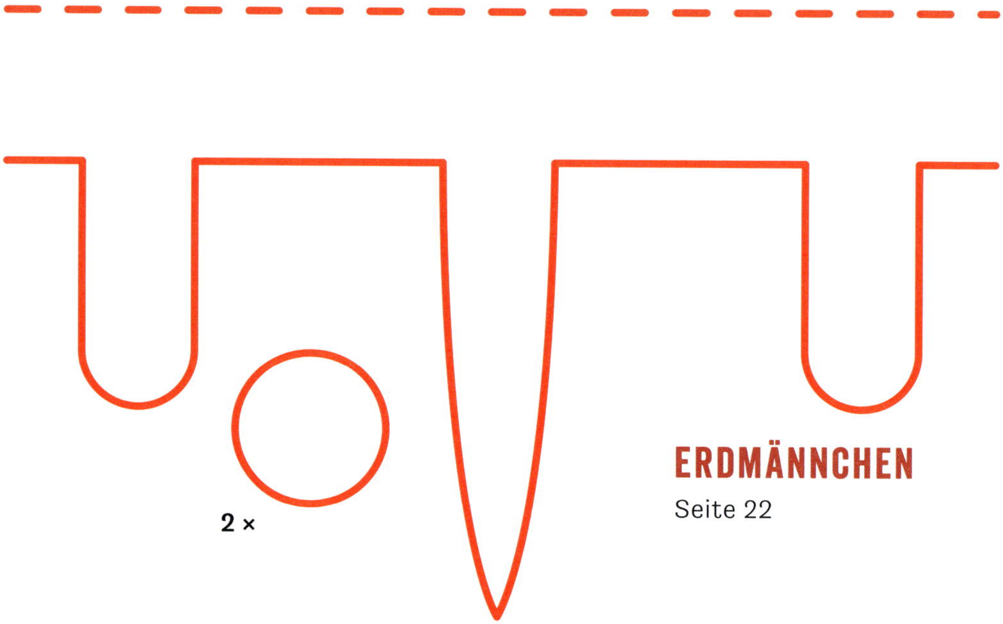


## ERDMÄNNCHEN

Seite 22

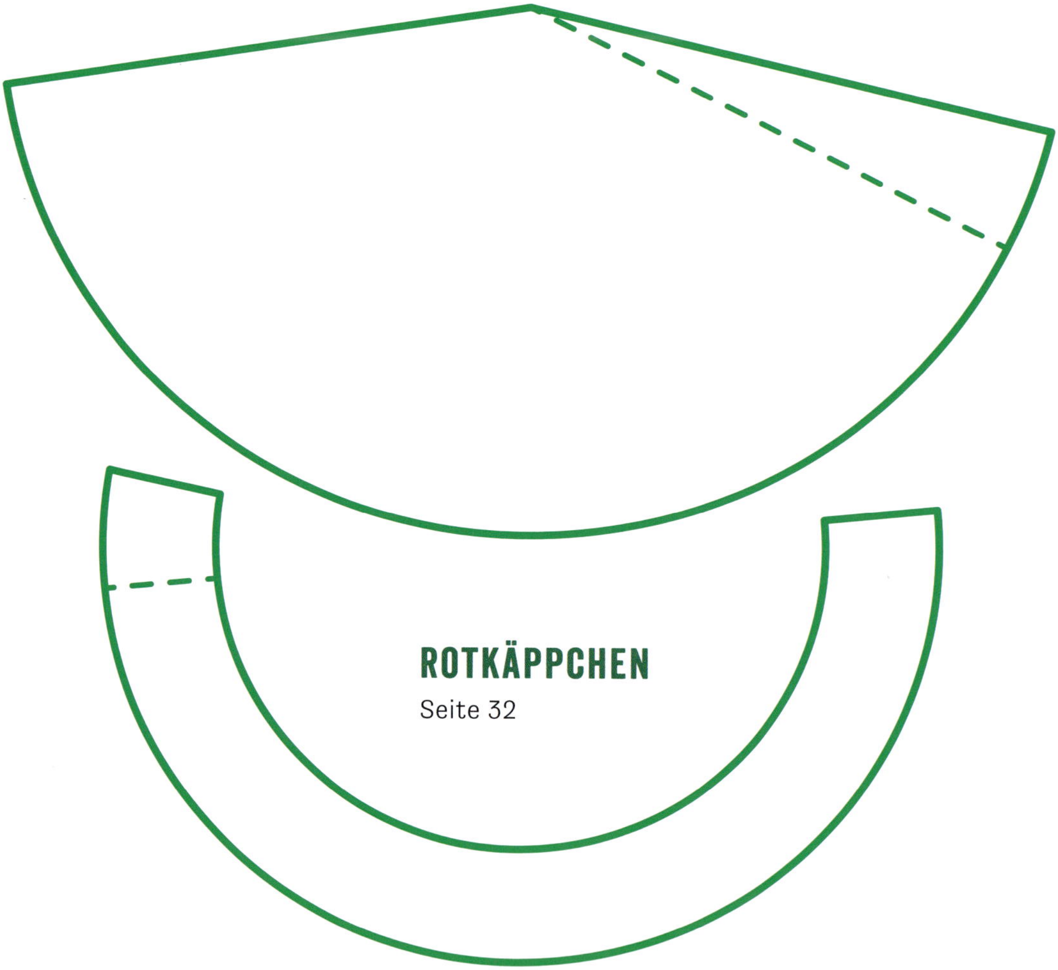

## ROTKÄPPCHEN

Seite 32

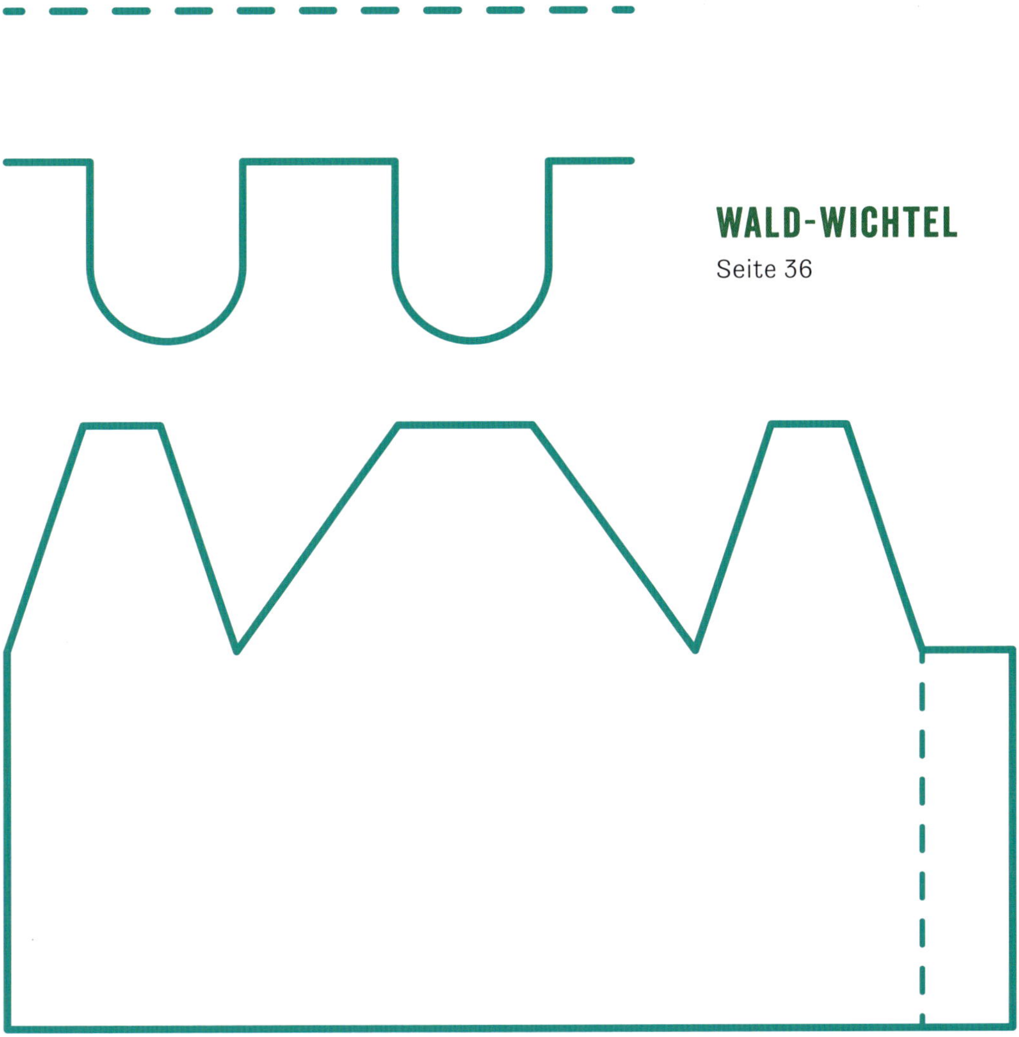

**WALD-WICHTEL**
Seite 36

**FLUGZEUG**
Seite 40

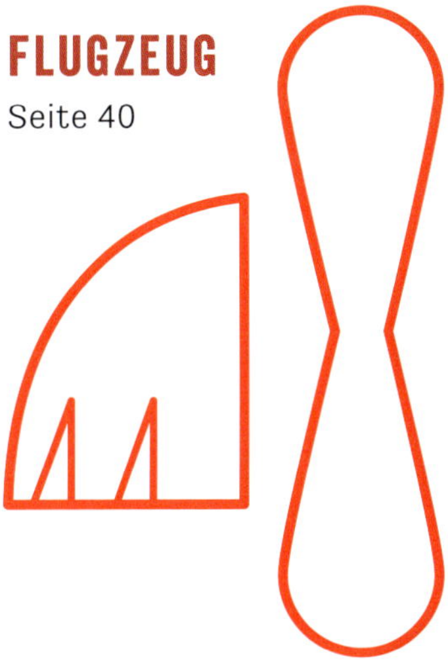

**SKI-WICHTEL**
Seite 38

## GESPENST

Seite 42

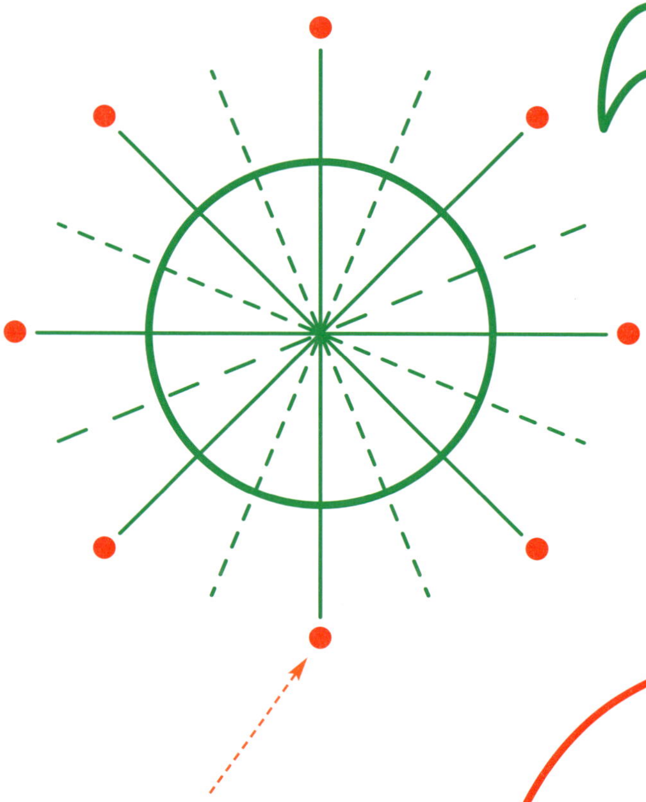

## DRACHE

Seite 54

**2 ×**

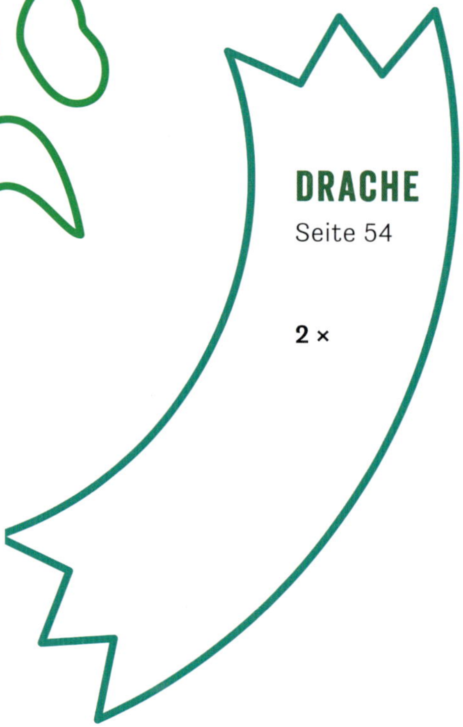

## COWBOY

Seite 50

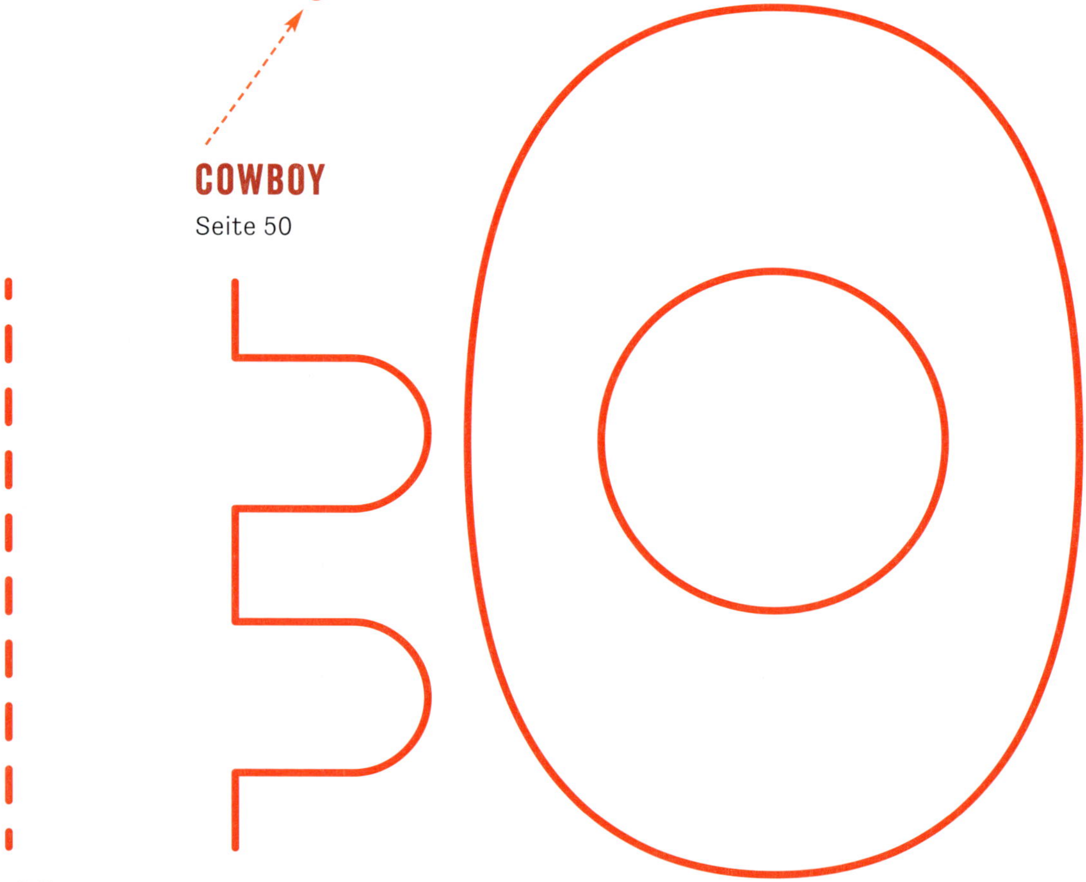